U0111802

大展好書　好書大展

品嘗好書　冠群可期

散打功夫2

散打實用技法精要

附DVD

武兵　武冬　王宏強　著◎

大展出版社有限公司

作者簡介

　　武兵　北京體育大學畢業，高級教練，國家級裁判，中國武術段位7段，兩翼拳第5代傳人。歷任山西省大同市武術培訓中心總教練，大同市體育運動學校武術套路、散打總教練，大同市武兵武術學校校長兼總教練，北京體育大學成教部散打主教練，北京航空航天大學北海學院武術教授等職。現爲北京武兵武術學堂主講。

　　出生於武術世家，經武術界多位名家指導，勤修靜悟，分別在國內、國際各類大賽中榮獲武術套路、武術散打冠軍24個。出版武學專著14本，發表武學論文300餘篇，並多次榮獲論文大獎。

作者簡介

武冬 北京體育大學武術教授、博士，國家級裁判，中國武術段位7段。

六歲起隨父習武至今，研修太極拳、形意拳、翻子拳、劈掛、通備、戳腳、八卦、八極等拳種，得到多位老師悉心傳授，勤修精練不輟。

在北京體育大學承擔了武術專項訓練、武術理論基礎和中國武術史等近10門課程的教學，橫跨本科和研究生課程。多年連續赴美國、義大利、希臘、澳洲、日本、法國、加拿大等國講學，從學者上萬人次。編撰著作、教材15本，約220萬字，出版51盤武術教學片。

前　言

　　當下武術散打發展蓬勃向上、欣欣向榮，學習散打的人數與日俱增。特別是國內的散打爭霸賽和國際的散打挑戰賽，更是億萬觀眾熱議的話題。

　　武術散打爲國之瑰寶，搏擊奇葩，向來爲世人所敬仰。散打是中國武術的一種實戰對搏功夫，同時也是一種行之有效的防身、健身、塑身運動方式。隨著「世界武術散打錦標賽」「世界盃武術散打比賽」「2008北京奧運武術散打比賽」以及「2009年首屆中國武術散打職業聯賽」等一系列賽事的舉辦，中國功夫散打運動必將源於中國，屬於世界。

　　筆者講習武術數十載，所寫內容皆爲散打之精華，既有多年來對散打技術體系精招妙法的整合與析解，又有尚未開發的優秀武技之展示與應用，同時也是筆者數十年武學體悟與教學經驗之結晶。

　　「散打功夫系列」包括《散打基礎技法精要》《散打實用技法精要》《散打高級技法精要》三本書：

　　《散打基礎技法精要》力推散打之拳、腿的基礎技法，拳打具有先天的靈活性，腿踢具有長度、硬度、力度的攻擊性，都是威力無比的技法，是通往散打最高境界的基石。俗話說「高樓尚需根基牢」「紮穩馬步好打拳」，因此，學練時必須在拳、腿技上多下功夫。

《散打實用技法精要》著重介紹散打技術體系的摔、拿技法，既是練而能用的實用招法，也是散打技法的中堅利器。學練時雖存在一定難度，要求練習者周身協調，勁力通暢，但在制勝效果上往往更勝一籌。在摔、拿得手時，可以起到易判定、易得分、易制勝的奇效。

　　《散打高級技法精要》揭示了散打高級連招技法，是競技獲勝的秘技，突出了「多點打擊」「連招絕殺」「技功雙顯」等特點，運用時絲毫不給對手喘息的防守機會，是比賽制勝的法寶。修煉此技，需要練習者有較高的身體素質，用技時方能遊刃有餘。

　　本套叢書面向廣大讀者，力求做到雅俗共賞、圖文並茂，突出直觀性和實用性，激發練習者的學練興趣；以理論和實踐相結合，運動和健康相結合，知識和技能相結合，並將一些鮮爲人知的練功妙法和盤托出，相信會滿足國內外散打愛好者和各大體育院校的老師、學生及數以萬計的武館、武校、武術健身俱樂部的教練和學生的需求，也會得到武警、特警官兵及晉考散打裁判人員等不同層次散打學練者的喜愛。

　　本套叢書附贈教學光盤，達到「一靜一動」的學習效果，直面散打精華，使讀者學有所獲、學以致用。

　　書稿得以順利完成，要特別感謝武道前輩王天增、武萬富、白枝梅，武友于三虎、李建明、李雁軍、蔚飛、王志劍以及北京體育大學學生張開元、武喆或等人鼎力相助。雖傾心而書，受功力所限，書中不免存有瑕疵，誠盼廣大讀者不吝賜教，大謝！

武　兵

目　錄

第一章 散打基本技法

第一節 摔 技

一、摔技的特點

拳語有「拳加跤，技藝高」「三年武，當年跤」「遠踢近打貼身摔」，這些都驗證了摔法的實用價值和特點。摔技是散打技術體系中的重要組成部分。

散打摔技具有以下魅力：

1.具有無靶位快摔的特點

散打妙摔與其他對搏類摔技如國際式摔跤、中國式摔跤等比較，具有其鮮明的特點。因現行散打規則規定，雙方較技施摔過程不能超過2秒，否則判定無效。再加上散打比賽時，雙方隊員都是戴拳套施摔，因而無法用雙手去抓握對方身體的有利靶位，所以，使散打妙摔中無靶位快摔的特點顯得更為突出。

2. 具有攻守兼備的特點

散打妙摔技法既可以在比賽中直接搶攻對手，如抱雙腿摔、挾頸切別摔等；又能在防守反擊中施摔克制對手，如接腿勾踢摔、抱臂過背摔等；從而體現出攻守兼備、互變深妙的風格特點。

3. 具有近身利器的特點

散打比賽中，雙方隊員近身纏抱、貼身近戰的機會很多，而此時恰好正是使用摔技的最佳時機，用招者可以透過前、後、左、右等不同方位隨機應變，施摔制勝對手。

例如，向後轉身挾頸挑勾摔、向前推胸扣腿摔、向下抱單腿壓摔和向上抱雙腿過頂摔等，省去了中、遠距離移步近身的中間環節，可直接發招施摔，使摔技更具有突然性和實效性。

4. 具有克制腿攻的特點

散打比賽中，腿攻技法使用較為頻繁。據科研表明，腿技在散打技法中佔有60%的使用機率，因而使用接腿摔技克制對手的腿攻，不失為一種明智的選擇和有效的方法。可以透過「順力接腿」「頂力接腿」「化力接腿」等多種接腿摔法，以克制對手的腿技進攻，制勝對手。

5. 具有借力妙摔的特點

在散打妙摔中，有靠絕對力量硬摔的技法，但更多的和提倡的則是借力妙摔技，即透過借勢（借助對手重心不

穩或將要失去平衡，稍加力量將其摔倒）、掀底（採用破壞對手支撐點如提、抱、旋、拉等方法將其摔倒，特別是對於柔韌性差的對手更易見效）、別根（透過自身的某一部位別、支、絆對手支撐重心腿根部，將其摔倒）、靠身（由自身向前擠靠等方法將對手摔倒）。

如將上述4種方法有機地結合，恰當地使用，便體現出了散打妙摔技法的精髓所在。

6. 具有重創對手身心的特點

成功運用散打妙摔技法，會因對手摔跌倒地技術不正確，而出現損傷事故如關節脫臼、肌肉及韌帶的挫裂傷、骨折等，造成對手無法繼續比賽；或因雙方先後摔跌倒地出現砸壓情況，造成對手傷損而不能正常比賽；還有就是對手被摔後經過反覆的倒地與起身，也極大地消耗了其有限的體力，從而為我方爭取了得勝的機會；並且對手由於多次被摔後，還會產生心理恐懼感，以至影響了其正常的技、戰術水準的發揮，使對手的身心遭受到重創。

二、摔技的種類

散打摔技是散打比賽中主要的得分手段，同時也是散打高手應掌握的重要技能。熟練地掌握摔法技術，成功地運用摔法動作，是得分取勝的有效手段，同時還給對手在精神上造成很大的壓力，極大地消耗了對手的體力。

摔技具有方法奇妙、招式豐富、乾淨俐索、快跤無把、防不勝防等顯著特點，其技法種類大致可分為貼身摔技、接腿摔技和反摔摔技等3種。

1. 貼身摔技

貼身摔技是施摔者利用自身身體的某一部位貼靠對手後進行的一種摔法。此類摔法在散打比賽中較為多見。如挾頸過背摔、擋臂穿襠摔、貼身手別摔等。

2. 接腿摔技

接腿摔技是施摔者利用對手起腿進攻時，用單、雙手接控來腿並配合下肢動作進行的一種摔法。如接腿別摔、接腿涮摔、接腿勾踢摔等。

3. 反摔摔技

反摔摔技是施摔者利用對手用摔技進攻時，同樣用摔技進行防守反擊，致使對手進攻失敗或被反摔倒地的一種摔法。如對手：抱單腿摔，我：壓頸托腿反摔；對手：扣腿摔，我：轉身挑勾反摔；對手：抱後腰摔，我：纏腿轉身反摔等。

三、摔技的術語

1. 變　臉

變臉是指施摔者向用力方向快速轉頭甩臉的方法。

2. 長　腰

長腰是指施摔者俯身發力，腰身充分拉開伸展的方法。

3. 崩　臀

崩臀是指施摔者用臀部貼靠對手腹部抖崩翻撞的方法。

4. 空　摔

空摔是指施摔者不借助任何器械和對手，單人進行摔技練習的方法。

5. 破　步

破步是指施摔者利用左右腳移步破壞對手正常腳位及身體平衡的方法。

6. 跤　勁

跤勁是指施摔者用勁力的總稱，如豎勁（前後拉推）、橫勁（左右撐別）、空勁（不頂順走）、綿勁（不顯用力）、連貫勁（數勁相生）。

四、摔技實用六大原則

1. 重視基本功訓練

常言道「萬丈高樓平地起」。做任何事，如果沒有堅實的基礎都會是「無本之木、無源之水」。重視散打妙摔基本功訓練是十分必要的，因為妙摔技法屬於較複雜的技術，需要有良好的基本功來做支撐。散打妙摔基本功內容豐富，既有腰腿功、又有倒跌功；既有徒手訓練，又有器

械訓練。練習者要持之以恆，循序漸進，全面系統地進行基本功練習，唯此才能打下過硬的底功，為後續妙摔訓練起到保障作用。

2. 精修妙摔技法

散打妙摔包括貼身摔技、接腿摔技和反摔摔技等內容。招式熟練是實戰運用的前提，如果連基本摔法都沒有掌握，更就無從談起施摔制人了。

摔技的掌握也需要經過泛化階段、分化階段及自動化階段三個階段，練習者可以透過空摔、摔沙人、雙人配合對摔等方法，來提高、精熟摔技。

3. 深諳摔技要訣

散打摔技內含諸多要訣，練習者應該熟知和領會，這對學練摔技非常有益。施摔過程，說白了就是破壞身體平衡和保持身體平衡的過程，為求得平衡，要求雙腳的支撐面要大，身體的重心要低，且重心投影不超出雙腳的支撐面，同時移步時要注意步子不可過大，側身行走忌用交叉步。施摔時一定要三盤協調一致，三盤即上盤（手臂、頭頸）、中盤（腰、背、腹、臀）、下盤（腿、腳）；六合齊俱，六合即手、眼、步、心、膽、氣，體現出「周身合力、大力勝小力」的特點。散打摔技既有「一力降十會」的強攻硬摔，也有「以巧破千斤」的順勢妙摔，其剛柔相濟，攻守互變，足使對手應招敗北。

此外，摔技中有許多力學知識，諸如重力、抗力、爭力、作用力、槓桿力、力偶等，也需熟爛於胸。例如，摔

技中當力偶出現時，力量越大，力偶的臂距越長，對手就越容易失衡倒地；又如，當對手重心投影超出雙腳支撐面時，就會重心失控，抗力為零，倒跌在地；再如，力是一個矢量，具有方向性，施發摔技時，切忌直頂對手的作用力，即「頂牛跤」，而應順借其力，發摔技制勝對手。

4. 不斷進行實摔磨練

實摔就是按照規則進行真實對抗施摔的過程，不論是與同隊隊友的實摔訓練，還是與異隊選手的實摔比賽，都應一絲不苟，全力以赴，因為實摔是檢驗練習者基本功，技、戰術水準及心理素質等方面最直接、最有效的方法，而且從中還能發現自身的不足與差距，並在訓練時不斷地改進和提高，使摔技日趨精熟，從而使自己在比賽中能夠應對不同技術風格、不同體形的對手，最終獲取勝利。

5. 訓練出適合自己的絕招

拳語有「不怕千招會，就怕一招精」「一招鮮，吃遍天」，都說明精招絕技在實戰施摔中非凡的價值，使用得當，往往會收到一錘定音的奇效，所以練習者要訓練出適合自身特點的妙摔絕活。訓練時，首先要從自身條件和能力上配找合體的絕招，如個子高矮、力量大小、速度快慢，擅長搶攻摔還是防守摔；其次，絕招發力時要做到快、脆、冷，同時需要組合其他技法，在相互變化之中發出絕招，否則，單招孤技容易被對手防守破化，失去絕招的威力；再者，絕招在實戰中要有70%以上的成功機率，才可稱之為真正的絕招。

6.調出良好的競技心態

散打是一項激烈的、對抗性強的運動項目，所以，散打隊員擁有良好的競技心態就顯得格外重要，在實戰施摔過程中，要有敢打敢拼、一往無前、沉著冷靜、從容不迫、不急不躁的良好心態，在比賽中及時捕抓有力的戰機，當機立斷，正確施發摔技，最終戰勝對手。

第二節　拿　技

拿技是指用高超的擒拿技術控制對手的方法，屬高級技法，是中華武術的精華。其招式兇險，實效非凡，受拿者輕者會喪失對抗力，被拿就擒；中者會心身傷毀，疼痛休克；重者會骨折筋斷，傷殘難醫。

目前，由於散打規則的限制，所以在散打比賽中，拿技被暫時列為禁用技法。但縱觀國際主流搏擊現狀，拿技被推崇為一種必修、必用制勝對手的優秀技法，所以，大力研習應用拿技是深得人心、大勢所趨的必然結果。

一、拿技的特點

1.具有拿其一點而控制全身的特點

巧拿技法在實戰應用中通常是鎖拿對手身體某一部位，可以造成其關節脫臼、韌帶撕裂、氣血受阻或劇痛難忍等不同程度、不同種類的傷損，從而使對手失去對抗能力，全身被我所控制。例如，運用抓發折腕技法，當對手

出手抓拉我頭髮施暴時，我快速應動用雙手合扣、下壓其手腕，同時疾速蹲身弓背，折疊對手腕關節，使之超出正常生理活動範圍而受損就擒。

2. 具有貼身近戰的特點

拳語有「遠打近拿貼身摔」「近身巧拿敵難逃」等，這些拳語都表明拿技施發成功與否，與雙方合適的距離有著直接的關係。

倘若雙方距離過遠，要施發拿技克制對手顯然是行不通的，所以，在欲發拿技之前，一定要由步法的移動來調控出恰當有效的實戰距離。貼身近戰時，我一方面能夠抓控對手的有效施拿部位，另一方面也便於我出招發力，透過抱、擰、折、壓、絞、別等方法制勝對手。

3. 具有迫使對手主動認輸的特點

在實戰中，應用拿技可以控制住對手，使之不能動彈，並感受到極致的痛感，達到令對手氣息不暢、呼吸困難等不同程度的技擊效果，進而迫使對手自知、自量，認輸告負，這不失為拿技的一大亮點。

使用拿技後，也可避免受拿者再遭受重拳或快腿等不同技法的致命打擊，僅從這一點來講，開啟和應用巧拿技法更具合理性和實用性。

4. 具有合力制勝的特點

巧拿技法強調，施技制人時要有雄厚的力量作為基礎和保障，正如拳語所云「百巧奇能，無力不成」。拿技特

別需要施技者手上的指、爪功夫及周身協調、上下相隨、意氣同注的合力，比如雙手之合力，手與軀幹之合力，雙腿之合力等。倘若在施拿過程中僅僅用局部之力是難以使拿技奏效和成功的。

5. 具有技法豐富的特點

拿技攻擊點位於周身上下，可謂無處不在，上至頭頸，下至腿腳，處處均可讓施拿技者施拿出招，瞬間制人。同時拿技技法內容豐富，形式多樣，有站立拿技、地趟拿技；有搶先出招打擊對手一個措手不及、出其不意、攻其不備的先發制人拿技，有對手出招，我方避其鋒芒、抓其破綻、空檔再進行有力反擊的後發制人的拿技。此外，還有拿制關節技、拿制氣息技、拿制筋脈技等。

6. 具有巧取順拿的特點

拿技是近戰時必不可少的技法，但在實戰中的靈活應用更是重中之重。在運用拿技時，要根據自己和對手的情況來靈活掌握。

例如，依靠自身絕對力量強拿硬奪只適合於對手力量、技法、膽力等各方面都遜色於我時；而當遇上人高力大的對手時，再使用上述方法顯然無法制控對手，俗話說「一力降十會」，此時應戰，絕對不要與對手對頂，以免雙方僵滯互撐在一起，而是要順其來勢，借用對手之來力隨機而變，搶佔有力位置，把控合適角度，巧取順拿對手，以「最小的成本獲得最大的利益」，達到制勝對手的目的，這個特點也是巧拿技法的精華所在。

二、拿技的種類

　　拿技，又稱擒拿，是分筋拿脈、錯骨點穴、截血卸骨等技法的統稱，制人時往往可起到拿一點而制全身之妙效，為中華武藝之精粹，為武學奇品。因其內容繁多，功理精深，若想修煉成功實非易事，故練習者不僅要有堅定的信念和持之以恆的苦練，還要有名師之訓導，才能體悟到拿技之真諦。

　　拿技的種類繁多，內容豐富，從施拿部位分有拿頭頸技、拿手肘技、拿軀幹技及拿腳膝技；從施拿體態上分又有站立拿技和地躺拿技；從攻防上分還有主動拿技、防守反擊拿技、單招拿技、組合拿技以及定步拿技和移步拿技等。

　　在施拿發招過程中，施技者雙手臂「搭扣」手法也有頗多講究，通常在實戰中有雙拳雙臂對握法（圖1）、雙掌互壓對握法（圖2）、雙手臂屈指互扣對握法（圖3）、一拳一掌雙臂對握法（圖4）及雙手指交叉對

圖1

圖2

圖3

圖4　　　　　　　　　　　　　圖5

握法（圖5）等5種，實戰對搏時應因勢而用，隨機而變，以求以最快的速度、最大的勁力、最準的招式，鎖固施拿，重創對手。

三、拿技實用六大原則

1. 打好底功，放膽對搏

巧拿屬武術中的高級技法，講求堅實的底功，底功即拿技的基本功法，包括手功、步功、眼功、腿功、樁功以及倒跌功等內容。

練習者欲求拿技精熟，必須要將這些基本功學會、練精，為此，才能使拿技在實戰應用過程中發揮威力。倘若手無功，何以拿人？步法凌亂僵滯，豈能近身發招？眼不明，又怎能捕捉有力的戰機？正如拳語所講「千狠萬狠，底功是根本」。

施技拿人時，一定要放膽在先，要敢於戰勝對手，敢於出招，要做到遇敵不慌，沉著冷靜，膽大果斷，體現出「膽大藝更高，藝高人膽大」的勇武風範，這樣才能令對

手望而生畏，不戰而敗。

俗話說「力從膽生」「一膽二力三功夫」，足見膽在施拿實戰中的重要性，只有放膽對搏，才會將已有的技、戰術淋漓盡致地發揮出來，達到進退自如，出手有方，制勝對手。

2. 眞練實拿，隨機應變

學習和掌握拿技，必須透過學招、練招、餵招及用招等不同步驟，其間實戰用招時，真練實拿是非常關鍵的練習環節，練習者應該全速、全力進行對搏，真實感受實戰中的氣氛、時機、對抗等諸多複雜而真實較技的實情，從嚴、從難、從實戰出發，提升拿技應用水準，達到熟能生巧、學以致用的最高境界。

巧拿的對象是人，而人又是運動的，並且存有個體的差異，所以，在實戰中要根據不同的對手隨機應變，做到知己知彼，透過對對手身高、力量、習慣動作、勁力大小等情況的瞭解和判斷，再施以相應的策略和招法。與對手實力相當時，得勢易勝；形勢相當時，得機能勝；戰機相當時，得先可勝。

3. 順化巧拿，虛實分明

拿技是中華武功中最上乘的功法，巧拿是擒拿的靈魂，實戰施拿中，既要正確使用己方的勁力，又要順化巧借對方之力，即所謂的「順其勢，借其力」，以達到四兩撥千斤的妙效，切記決不能相互抗頂，死拿硬要。同時，施拿發勁時講求剛則冷脆快爆，柔則纏裹沾黏，做到剛柔

相濟。

雙方對戰時，要靜觀對手的虛實變化，從而避其實而攻其虛，而當我出招時，則要虛實互變，真假共存，且要專攻對手的空虛之處和薄弱之處，令對手難以防範，束手就擒。

4. 周身同動，技法通融

在施拿時要求「手眼身法步，精神氣力功」。全身要高度協調一致，做到周身「一動無不動，一靜無不靜」。配合同動的目的是可以使周身上下協調，組發出合力的整勁，以使拿技得心應手，屢建奇效。相反，若只是利用身體局部力量，如單憑手之力或腿之力，是無法拿控鎖制對手的，相反還會身處被動，被對手反控。

實戰時，如果僅靠單一的拿技制控對手畢竟很有限，因為技法單一缺少變化，所以極易讓對手識破招法，從而進行防守或破化，使所用的招法無法顯示出應有的威力。若在實戰中實施踢、打、摔、拿大串聯式的多技法招式，比如打、拿結合，摔、拿結合以及踢、打、拿結合，則會出現多位點、多技種的變化，使對手防不勝防，顧此失彼，束手就擒。

5. 意氣相合，善抓戰機

意是意念，是指對戰時強烈的求勝欲望和殺傷心力；氣指呼吸之氣，合理調節呼吸與拿技動作相合而出，可以達到出招疾速、勁力飽滿之效，同時意氣相合，也利於周身氣血暢達，激發身體內的潛能，使所用招式產生出良好

的制勝效果。

在實施拿技時戰機的捕捉非常重要，一方面可以從對手出招過程中抓其空檔或破綻，另一方面也可以引誘對手誤入我所設的圈套，我乘機搶佔有利的時機，猛攻狠擊對手，正如兵書所云「誘敵以利己」，以贏得最後的勝利。否則，如果不善抓時機，往往於己不利，會使自己處於劣勢的境地。

6. 分筋錯骨，擊打要害

巧拿就是利用人體生理特性和弱點進行抓拿筋脈、反挫關節，造成對手關節脫臼、韌帶撕裂、骨折、窒息、休克等不同程度的傷損，以至於喪失了對抗的能力。

擊打要害是巧拿的又一大特點。人體周身皆要害，通常施拿的目標有頭部、太陽穴、耳門穴、百會穴、頸部、眼部、心窩、腹部、會陰等，實戰中擊打這些要害，往往可收到重創對手、事半功倍的效果。

總之，上述六大巧拿實用原則，不是單獨孤立存在的，而是互為統一、相輔相成的，因此，在使用巧拿的過程中，不可偏廢其一、二。

第三節　防守技

拳語有「攻中有守不丟醜，守中有攻拳家走」。散打的防守和進攻同等重要，切不可忽視。散打防守的目的是保護自己不失分，不受傷，為更好地進攻創造有利條件，同時還能瓦解對手的自信心。

一、防守技法

防守技法的內容包括兩大類。一類是接觸防守，另一類是不接觸防守。接觸防守是練習者利用肢體透過拍擊、格擋、上架等方法破化對手的進攻；不接觸防守是練習者利用身體姿勢的變化或雙腳的移動，如潛身、後閃、騰身、閃步和退步等方法來閃化對手的進攻。

在散打實戰中，兩種防守方法都應準確掌握，嫻熟應用，使其各盡其效，以凸顯防守在實戰中的價值。

（一）接觸防守法

1. 拍 擊

練習者以左實戰姿勢站立，用右（左）手臂屈肘由外向內豎掌拍擊至體前的中位線，同時上體稍左（右）轉，隨之還原成實戰姿勢，目視前方。（圖1、2）

【要點與作用】拍擊短促有力，快速準確，力達掌心及小臂內側，拍擊後要及時地還原回實戰姿勢。拍擊分單手拍擊和雙手拍擊，單手拍擊向體內進行，而雙手拍擊則是向身體的左、右兩側進行。單手拍擊多用於對手的直拳、鞭拳及肘擊動作；雙手拍擊多用來防守對手左、右高邊腿和轉身旋擺腿。

2. 下 壓

練習者以左實戰姿勢站立，用右（左）手臂屈肘向體下方橫掌拍擊至襠、腹位，同時上體含胸俯身稍左（右）

圖1　　　　圖2　　　　圖3　　　　圖4

轉，隨之還原成實戰姿勢，目視前下方。（圖3、4）

【要點與作用】拍壓有力，快速準確，沉身轉腰發力，力達掌心及小臂內側。下壓主要防守對手的勾拳、撩拳及膝攻、彈腿和轉身後蹬腿等招式的進攻。

3. 上 架

練習者以左實戰姿勢站立，用右（左）手臂屈肘由下向上橫架於頭部上方，拳心向上，同時上體稍左（右）轉，隨之還原成實戰姿勢，目視前上方。（圖5、6）

【要點與作用】上架及時準確，快速有力，上架手臂要護住頭面部，即拳面的下垂線與異側耳對齊。上架分單臂上架、雙手臂十字上架及十字下架，單臂上架多用來防守對手的劈拳和蓋拳的進攻；雙臂上架則是用來防守對手的高位下劈腿等技法的進攻，而雙臂下架主要是用來防守

圖5　　　　　　　　　　　　圖6

對手的膝攻動作。

4. 格　擋

　　練習者以左實戰姿勢站立，用右（左）手臂屈肘由外向內豎立旋臂內格至體前中位線，同時上體稍向左（右）轉，隨之還原成實戰姿勢，目視前方。（圖7、8）

　　【要點與作用】格擋快速，手臂一邊內旋一邊進行格擊，蹬地轉腰發力，力達小臂內側，拳心向臉。格擋是由兩個動作組合而成，格是向內進行，擋是向外進行，擋臂至頭左、右側，拳背向外。格擋主要是防守對手的直拳、高位蹬腿、側踹腿、鞭拳以及高位邊腿等進攻動作。

5. 阻　擋

　　練習者以左實戰姿勢站立，右（左）手臂前伸，用右（左）掌向體前阻擋對手的直拳或頂肘的動作，同時身體

圖7　　　　　　　圖8

圖9　　　　圖10

圖11

隨動稍向左（右）轉，隨之向右（左）還原，目視前方。
（圖9～11）

【要點與作用】阻擋及時準確，快速有力。阻擋可使對手的進攻半途受阻，除用手外，阻擋還可以側閃身聳肩用肩和沉身墜肘等方法阻擋對手的直拳、勾拳和頂膝的進攻動作。阻擋時，一定要肌肉緊收，以增加對頂的抗力。雖然用肩、肘阻擋在散打規則上不失分，但也要慎用。因為使用阻擋時要有強大的抗擊能力，否則對自己不利。

圖12

6. 外　掛

練習者以左實戰姿勢站立，用左（右）手臂由上至下經體前向體側弧形掛撥，肘部彎曲，掌心向外，同時上體隨動左（右）轉，隨之還原成實戰姿勢，目視前方。（圖12）

【要點與作用】外掛快速準確，以肘關節為軸，手臂一邊旋轉一邊撥掛，掌指微上勾，蹬地轉腰發力，力達左（右）手及小臂處。外掛用於防守對手的左（右）邊腿和側踹腿等技法的進攻。

7. 內　磕

練習者以左實戰姿勢站立，右（左）手臂屈肘由上至下向體前磕擺，拳背向外，同時上體隨動左（右）轉，隨之還原成實戰姿勢，目視前方。（圖13）

【要點與作用】含胸裹背，蹬地轉腰，內磕時肘關節微屈，旋臂橫向發力，力達拳背及小臂外側。內磕主要是

圖13　　　　　　　　　　圖14

防守對手前蹬腿、後蹬腿、踹腿和直拳等技法的進攻。

8. 抄　抱

　　練習者以左實戰姿勢站立，右（左）手臂屈肘由外向內弧形抄手至體前，同時上體隨動左（右）轉，且左（右）手下按右（左）手小臂處，目視前方。（圖14）

　　【要點與作用】轉腰疾速，右抄手與左抱手齊動一致，含胸收腹發力，力達雙手及小臂處，左、右手心斜對。抄抱分為裏抄抱和外抄抱，外抄抱時一支手臂要外展上抄，另一支手臂向下合抱。裏抄抱主要是破化對手的前蹬腿、側踹腿的進攻；而外抄抱主要是防守對手高位邊腿的進攻。

9. 截　擊

　　練習者以左實戰姿勢站立，左（右）手臂由上向下至體前截擊，拳心向下，同時上體隨動，肘關節伸直，目視

圖15　　　　　　　　　　　　圖16

前方。（圖15）

【要點與提示】截擊快速有力，蹬地轉腰，直臂發力，力達小臂外側尺骨處。截擊主要防守對手的膝攻、蹬腿和邊腿等技法的進攻。

10. 阻　擊

當對手出邊腿攻踢我側肋時，我突然上步發右直拳搶打阻擊其胸部，目視前方。（圖16）

【要點與作用】阻擊是一種主動防守的方法，在對手出招過程中，我搶先阻擊對手，使之進攻失效。阻擊一般分拳打阻擊和腿踢阻擊兩種，如對手發直拳打我面部時，我可搶先發側踹腿阻踢其胸部，阻踢時要隱蔽、果斷，快速有力。

圖17　　　　　圖18　　　　　圖19

11. 刁　摟

練習者以左實戰姿勢站立，右（左）手經面前向外弧形刁抓後拉，同時上體隨動右（左）轉，目視前方。（圖17）

【要點與作用】刁拉手快速準確，蹬地轉腰，活腕捏指發力。刁摟主要是用來防守對手的直拳打面技法，在刁拉手過程中，對手若爭力相持，我還可順勢連發重拳反擊其面門，使之喪失戰鬥力。

12. 挑　掛

練習者以左實戰姿勢站立，左、右手握拳，依次直臂向前至頭兩側屈肘回掛，同時上體隨動左、右轉腰，目視前方。（圖18、19）

【要點與作用】挑掛貼面而行，屈伸手臂自然連貫，頭部稍回縮，蹬地轉腰發力，力達拳眼及小臂外側。挑掛

圖20　　　　　　　　　　圖21

可以防守對手的直拳、劈拳及高位下劈腿等進攻技法。

13. 裏格膝

　　練習者以左實戰姿勢站立，身體重心後移至右腿，同時左腿屈膝上提，以左膝內側由外向內至襠腹前裏格，且上體隨動右轉，雙手臂實戰姿勢不變，目視前方。（圖20）

　　【要點與作用】提膝裏格快猛，支撐腳抓地，轉腰合胯發力，力達內膝處。裏格膝主要防守對手的前蹬腿和側踹腿的進攻動作。右裏格膝與左裏格膝方法相同，唯左右膝不同。

14. 外擋膝

　　練習者以左實戰姿勢站立，身體重心後移至右腿，同時左腿屈膝上提，以左膝外側由內向外擋至左側，且上體隨動左轉，雙手臂實戰姿勢不變，目視前方。（圖21）

圖22

圖23

圖24

【要點與作用】提膝外擋及時準確，順暢自然，蹬地轉腰，展胯發力，力達左膝外側。外擋膝主要是防守對手的邊腿和膝技進攻。右外擋膝與左外擋膝方法相同，唯左右膝不同。

15. 纏　腳

練習者以左實戰姿勢站立，身體重心後移至右腿，左腿上提，以膝關節為軸向體前弧形纏繞踢出，高與襠腹位，同時上體隨動右轉，雙手臂實戰姿勢不變，目視前方。（圖22～24）

圖25　　　　　　　　圖26

【要點與作用】纏腳靈活快速，支撐腳扣地穩固，鬆膝合胯發力，力達腳底。纏腳可以防守對手的蹬腿、彈腿和踹腿等技法的進攻。右纏腳與左纏腳方法相同，唯左右腳不同。

16. 磕　腳

練習者以左實戰姿勢站立，身體重心後移至右腿，左腿屈膝微上提，用腳底向外至體側下方磕踢，同時上體隨動右轉，雙手臂實戰姿勢不變，目視側下方。（圖25、26）

【要點與作用】整腿外擺磕踢，蹬地鬆胯發力，力達腳底。磕踢主要用於防守對手的低位邊腿，踢擊對手的脛骨處，可使對手疼痛難忍，失去戰鬥力。

圖27   圖28

（二）不接觸防守法

1. 後　閃

練習者以左實戰姿勢站立，身體重心後移至右腿，左腳尖點地，同時上體及頭部向體後方閃躲，雙手臂屈肘回護體前，隨之還原成實戰姿勢，目視前方。（圖27、28）

【要點與作用】後閃快捷、準確，蹬地收頜，仰身發力。後閃主要是防守對手的直拳、擺拳和勾拳等技法的進攻。

2. 側　閃

練習者以左實戰姿勢站立，身體重心側移至左腿，右腳掌點地，同時上體及頭部向左側閃躲，雙手臂屈肘回護體前，隨之還原成實戰姿勢，目視前方。（圖29、30）

圖29　　　　　　　　　　圖30

【要點與作用】側閃及時快速，含胸縮頭，轉腰收腹發力。側閃主要防守對手的直拳、臂拳、高邊腿及頂面肘的技法進攻。

3. 潛　閃

練習者以左實戰姿勢站立，雙腿屈膝半蹲，同時上體及頭部向下潛閃，雙手臂屈肘回護體前，隨之還原成實戰姿勢，目視前方。（圖31、32）

【要點與作用】屈膝閃身，及時準確，含胸收頜，拱背沉胯發力。潛閃主要防守對手的鞭拳、擺拳、轉身旋擺腿和高位側踹腿等技法的進攻。

4. 擺　頭

練習者以左實戰姿勢站立，雙腿屈膝，上體前俯身，

圖31　　　　　　　　圖32

圖33　　　圖34　　　　　　圖35

同時頭部下低至與頸水平狀，向左或向右橫向擺頭，雙手
臂屈肘回護體前，隨之還原成實戰姿勢，目視上方。（圖
33～35）

圖36　　　　　　　　　　　圖37

　　【要點與作用】屈膝俯身，低頭擺閃協調一致。擺頭要向身體左或右側方運動，含胸拱背，蹬地轉腰發力。擺頭主要是防守對手的左、右大力擺拳等技法的進攻。

5. 轉　身

　　練習者以左實戰姿勢站立，雙腳蹬地，身體向右轉動180度，同時雙手換架屈肘回抱體前，隨之還原成實戰姿勢，目轉視左後方。（圖36、37）

　　【要點與作用】左、右腳蹬地擰轉，協調一致，轉腰合胯，含胸收頷發力。轉身主要是防守對手的直拳擊面、彈腳踢頭等技法的進攻。

6. 騰　身

　　練習者以左實戰姿勢站立，雙腳蹬地，身體向上騰

| 圖38 | 圖39 | 圖40 |

空，雙手臂屈肘回抱體前，隨之還原成實戰姿勢，目視前方。（圖38）

【要點與作用】蹬地有力，雙腳離地不可過高，上體垂直，騰空時吸氣上提，周身敏捷。騰身主要是防守對手的前掃腿、後掃腿等低位腿法的進攻。

7. 退　步

練習者以左實戰姿勢站立，左腳向體後退步，同時上體隨動左轉，雙手臂互換變架成右實戰姿勢，目視前方。（圖39、40）

【要點與作用】移步靈活，蹬地轉腰發力，左右手變換實戰姿勢連貫準確。退步主要防守對手的擺拳、邊腿和彈腿等技法的進攻。

圖41

圖42

圖43

8. 閃　步

　　練習者以左實戰姿勢站立，左腳向體左側橫跨一步，同時上體及頭部隨動向體左閃轉，雙手臂屈肘回護體前，目視前方。（圖41、42）

　　【要點與作用】移步、閃身協調一致，快速準確，右腳跟蹬離地面，含胸收腹發力。閃步主要防守對手的劈拳、頂肘及高位側踹腿等技法的進攻。

9. 跳換步

　　練習者以左實戰姿勢站立，雙腳蹬地，左右腳上跳互換站位，同時上體隨動左轉，成右實戰姿勢，目視前方。（圖43～45）

圖44

圖45

圖46

【要點與作用】左右腳跳換靈活準確，快速有力，蹬地轉胯發力，雙腳微離地面。跳換步主要防守對手的低位邊腿、低位彈踢腿和低位側踹腿。

10. 跳轉步

練習者以左實戰姿勢站立，上體右轉180度，左腳蹬地向右腳前上跳一步，隨之身體繼續右轉180度，且右腳上提後落於左腳位成左實戰姿勢，目視前方。（圖46～49）

【要點與作用】跳轉步突然快速，轉身連貫，蹬地轉腰擺胯發力。跳轉步主要防守對手力量較大的進攻技法，如低位掃邊腿、墊步側踹腿和上步劈拳等。

圖47

圖48

圖49

二、防守練習法

1. 練　招

（1）練習者可以將散打防守中的接觸防守和不接觸防守的動作，先從靜止站位練習開始，待防守技法熟練後再配加各種步法進行練習，如上步上架、退步下壓、閃步拍擊等。

（2）練習防守技法時應該先練習一種，再增加至多種進行混合練習，這樣才符合訓練的原則，即由簡至難，由少至多，做到循序漸進。

（3）透過練習防守招式，能夠使練習者熟知防守動

作的具體要領，明白其攻防含義，達到掌握防守動作之目的，從而建立起防守動作的動力定型。

2. 套　招

（1）練習時雙人進行，甲方設定為防守方，乙方設定為進攻方，然後將所有的防守動作分別進行實用對解，當乙方利用散打各種進攻技法攻擊甲方時，甲方相應地套招破化乙方的攻擊。

（2）乙方在開始進攻時，可將所用的招式動作的力度和速度調整至半力、半速，使甲方能夠及時反應，準確套招，合理防守。隨著練習時間的增加，防守水準的不斷提高，乙方則可以用全力、全速出招，使甲方做到有感而動，隨機應對。

（3）初練時，甲、乙雙方可以按照約定的攻、守動作進行練習；當雙方配合默契無誤時，就要進行雙方無序的自由套招練習。

（4）透過不斷地增加練習難度，來培養甲方破招、解招的防守能力，提高反應能力，並形成條件反射，使防守動作準確有效，快速連貫，達到自動化。

3. 用　招

練習者在掌握和熟悉了練招、套招後，則可以進入用招練習階段。用招練習是在雙人制約與反制約、限制與反限制的激烈攻防對抗中，來全面檢驗和提高防守者技能的實效性和合理性。用招是最具真實性的練習，練習者應認真對待。

三、防守要點

（1）防守時可以用低腿防低腿、手防手的同位技法防守；也可以進行異位技法防守，如高腿用雙手防、低腿用單手防等。全面無序的防守，往往使對手不知所措，進攻失效。

（2）切記防守不是最終的目的，要在防守後組發有效的進攻動作，以潰擊對手。

（3）使用防守技時，不可過於單一，以防對手識破，反而使自己處於劣勢。

（4）防守時最好使用複合式防守法，以確保防守成功。如防守對手直拳時，我方可以用拍擊破化，同時還可以上閃步，側進身體實施拍擊與閃身的雙重防守，如此防守，才更具實效性。

總之，散打防守技術的要求是防守面要大，動作幅度要小，用招、變招的速度要快，時機掌握要恰當，移步要準確，周身上下要協調一致。

第二章
散打摔拿技法

第一節　快摔招法

　　散打摔技是散打技術體系的重要組成部分，在比賽中成功施發摔技不僅容易使裁判上分，而且也能夠增加觀眾在視感上的享受，特別是乾淨俐索的2分跤，即一方運動員站立將另一方運動員摔倒在地的場景，更能充分展示出中國武術散打妙摔之魅力。此外，還會給對手心理造成極大壓力，使其體能過度消耗而身處劣勢。

　　散打摔技包括貼身摔技、接腿摔技及反摔摔技等內容。

　　戰例1：

　　實戰時，對手突然用右擺拳搶打我頭部，我快動應變，用左手臂屈肘外擋破化，接著我右腳向前上步，左腳隨後背步，身體向左轉，臀背貼靠對手胸腹，同時我左手回拉對手右手臂，右手臂緊挾其頭頸，雙腳蹬地，俯身蹶臀，將對手從我背上摔倒在地，目視下方。（圖1～3）

圖1

圖2　　　　　　　圖3

【要點與提示】擋臂有力，移步敏捷，貼身緊切，雙手抱臂挾頸，雙腳蹬地直膝，長腰變臉，協調一致，快速連貫。運用此招時一定要體現出「視人如蒿草，打人如走路」的效果，而且要在接招瞬間敢於進身，使施摔成功。

圖4　　　　　　　　　　　　圖5

戰例2：

實戰時，對手突然用左直拳攻擊我面部，我快動應變，用右手臂裏格破化來拳，接著我上體左轉，同時發右勾踢腿狠踢對手前支撐腿腳跟，使之失衡摔倒在地，目視對手。（圖4～6）

圖6

【要點與提示】格臂快速準確，短促有力，勾根兇狠，蹬地轉腰發力，力達右腳勾。此招屬防上攻下之技法，可使對手防不勝防，應招倒地。

切記：我發招時不要目視對手腳跟，以防被其識破我用招的意圖。

圖7　　　　　　　　　　　　　　圖8

戰例3：

實戰時，對手
突然起左前蹬腿狠
踢我胸部，我快動
應變，用右手向裏
抄掛破化來腿，接
著我向前上右步，
右手順勢滑抱對手
左膝窩，同時出左
手狠推其胸部，使

圖9

之失衡摔倒在地，目視對手。（圖7～9）

【要點與提示】掛腿時腰應向左轉，上步、推胸齊動
一致，右手抄掛腿向上用力，左手推胸向下用力，動作快
猛，意氣力合注。運用此招時，要借對手回抽來腿之力順
勢發力，這時對手必倒無疑。

圖10　　　　　　　　　　　　　圖11

戰例4：

實戰時，相互纏抱在一起，我用右手臂挾住對手頭頸，左手臂抱其右臂，接著我雙腳碾轉，身體猛力向右後方轉身，同時我右手回拉，左手推送，將對手摔倒在地，目視對方。（圖10、11）

【要點與提示】左右手觸位準確有力，蹬地碾腳、轉身變臉協調一致，力發於腰間，雙手的用力軌跡呈斜下弧形。要注意運用此招時，我應先向前鬥頂一下對手，隨後借其回頂之力，快發摔技，以便出現妙摔奇觀。

戰例5：

實戰時，對手突然出左側踹腿踢擊我心窩，我快動應變，用左右手合抱來腿，接著我向前上左步，雙手順勢滑抱對手左膝窩與左腳踝，同時上體左轉，連發右勾踢腿狠踢對手支撐腿腳跟，使之失衡摔倒在地，目視對手。（圖12～14）

【要點與提示】含身接腿準確牢固，上步、轉身、勾

圖12

圖13　　　　　　　　圖14

踢協調一致，動作快速，力達觸點。上步轉身既是為勾踢
腿助力，同時又為防止對手的拳法反擊。雙手接腿後應向
體後上方發拋勁，與右勾腿向上勾勁相合一體。

戰例6：

實戰時，對手突然發左側踹腿踢擊我胸部，我快動應
變，左、右手合抱來腿，接著我右腿上步支別對手右支撐
腿，同時雙手回拉其左腿，上體向左閃轉身，使對手失衡

圖15　　　　　　　　　　圖16

摔倒在地，目視對手。（圖15、16）

【要點與提示】接抱腿快速準確，上步、拉腿、別摔一氣呵成，蹬地轉腰，直膝合胯發力，力達觸點，意氣力合注。接腿時我左右手應上下合抱，以免自己的雙手被對手踢傷。

戰例7：

實戰時，對手突然用左直拳搶打我面部，我快動應變，用手臂屈肘外擋破化，接著我向前上右腳，左右手臂環抱對手後腰，同時上體及下頜貼靠對手上體下壓，使之失衡摔倒在地，目視對手。（圖17～19）

圖17

圖18　　　　　　　　　　　　圖19

【要點與提示】擋臂及時準確，上步、抱腰、壓頜動作連貫一致，蹬地俯身發力，力達觸點，意氣力合注。雙手環抱腰與下頜壓身要發力脆爆，以防被對手拖拉帶倒。

戰例8：

實戰時，對手突然起左側踹腿狠踢我胸腹，我快動應變，身體重心後移，左手向外勾掛破化來腿，接著我右腳向前上一大步，同時右手臂外展，上體向後方靠擊對手，使之失衡摔倒在地，目視對手。（圖20、21）

【要點與提示】上步、靠擊、展臂齊動合一，蹬地轉腰發力，力達觸點，意氣力合注。運用此招時，我右腳一定要鎖控對手支撐腳，以免其逃脫，靠身要用整身之力。

戰例9：

實戰時，對手突然發右擺拳攻打我頭部，我快動應變，用左手臂屈肘外擋破化，接著我左手外翻抱控其右臂，同時上體左轉，右手臂摟切對手脖頸，右腿支別其右支撐腿，將對手摔倒在地，目視對手。（圖22、23）

圖20　　　　　　　　　　圖21

圖22　　　　　　　　　　圖23

【要點與提示】擋、抱臂連貫有力，切頸別腿配合一致，蹬地轉腰發力，力達觸點，意氣力同注。我左手抱臂可使對手貼近自己身體，右手臂向前的切力應與右腿向後的別力形成爭力，使對手無力防守。

戰例10：

實戰時，對手突然發左拳攻打我面門，我快動應變，

圖24　　　　　　　　　　圖25

上右步潛身閃化來拳，同時我雙手合抱對手左腿，接著雙手向上方掏撈其腿，上體後靠，將對手摔倒在地，目視對手。（圖24、25）

【要點與提示】潛身及時，抱腿牢固，雙手掏腿與上體後靠配合協調一致，意氣力合注。此招屬於避實就虛之技法，當對手出拳身體右轉時，正好與我掏腿施摔發力方向相同，此時施摔，便能達到借力之妙。

戰例11：

實戰時，對手突然發轉身掃拳攻打我頭部，我快動應變，潛身閃化，同時我右腳上步鎖控對手左腿，右手穿襠下抱其右腿，接著上體向後靠撞，右手向上提抱，將對手靠摔在地，目視對手。（圖26、27）

【要點與提示】潛閃準確，上步、穿襠抱腿協調一致，蹬地轉腰發力，力達觸點，意氣力合注。此招運用成敗與否，關鍵在於能否上步貼身及發力合整。

圖26　　　　　　　　圖27

圖28　　　　　　　　圖29

戰例12：

實戰時，對手突然上步發左直拳攻打我面門，我快動應變，右腳側閃上步，上體前俯避化來拳，同時我右手向上扣撈對手左腿，左手向下推壓其胸肩，將其摔倒在地，目視對手。（圖28、29）

【要點與提示】側閃步及時快捷，撈腿、扣肩相合一

圖30　　　　　　　　　　　圖31

體，快速有力，意氣力合注。右手上撈與左手下扣形成合力，上體俯身一是為了閃化對手來拳，二是為了增加扣摔的力量。

戰例13：

實戰時，對手突然發左直拳攻打我頭部，我快動應變，用左手向外拍擊破化來拳，右手臂下壓對手左肩處，同時左腳向前墊步，上體左轉，右腿支別對手前支撐腿，將其摔倒在地，目視對手。（圖30、31）

【要點與提示】拍擊準確有力，移步、壓肩、別腿三動合一，快速兇猛，意氣力合注。此招為借招打招之法，手與腿要形成錯力。

戰例14：

實戰時，對手突然發右邊腿狠踢我側肋，我快動應變，左腳向前上步，用左手抄接來腿，接著我用右腿掛踢其支撐腿，同時右手直推對手頭面，將其摔倒在地，目視

圖32

圖33

圖34

對手。（圖32～34）

【要點與提示】抄腿準確，掛踢、推面同動一致，快速有力，意氣力合注。運用此招時一定要迎面而上，以此來破壞對手邊腿的正常發力點。

戰例15：

實戰時，對手突然發左前蹬腿狠踢我胸部時，我快動

圖35　　　　　　　　　　圖36

應變，用雙手向上托住來腿，同時向前進步，雙手上掀來腿，將其摔倒在地，目視對手。（圖35、36）

【要點與提示】托腿準確，雙手成斜十字形，移步、掀腿配合一致，動作快猛有力，意氣力合注。掀托腿時應向對手體後斜上方發力，旨在撥離對手支撐腿的腳跟，且我前上步一定要突出一個快字。

戰例16：

實戰時，對手突然發右高位蹬腿狠踢我面門，我快動應變，用左手臂屈肘外擋破化，接著我右腳向前上步，同時雙手順勢合抱對手右腿，經頭上方向體後拋扔，將其摔倒在地，目視後方。（圖37～39）

【要點與提示】擋臂準確，上步、抱腿、過背摔一氣呵成，蹬地展腹發力，力達觸點，動作快猛兇狠，意氣力合注。我上步一定要腳踏對手中位，且右肩要緊頂對手腹部。

圖37　　　　　　　圖38

圖39　　　　　　　圖40

戰例17：

實戰時，對手突然發右劈拳砸擊我面門，我快動應變，用左手臂向上挑架，接著左手外翻，反抱對手右手臂，同時右腳向前上步，右手臂穿襠上挑過背，將其摔倒在地，目視對手。（圖40～42）

圖41　　　　　　　　　圖42

【要點與提示】挑架及時有力，左抱臂下拉與右臂穿襠上挑配合一致，蹬地直膝，立腰發力，力達觸點，意氣力合注。我上步屈膝蹲身穿襠與立身挑摔時的身法變化一定要明顯，以此來增加發力效果。

戰例18：

實戰時，對手突然發右擺拳攻打我頭部，我快動應變，用左手臂外擋來拳，接著我右腳上步，左腳背步，同時我左手臂抓拉對手右臂，右手臂摟抱其後腰，上體俯身施摔，將其從腰上摔倒在地，目視對手。（圖43～45）

【要點與提示】擋臂及時準確，移步進身敏捷，蹬地直膝，俯身發力，力達觸點，意氣力合注。進身崩臀和抱臂下拉是運用此摔技必須掌握的兩個要點。

戰例19：

實戰時，對手突然發左直拳攻打我胸部，我快動應

圖43

圖44

圖45

變，用右手拍擊破化，接著我左腳上步支別對手前支撐
腿，同時右手臂下切其脖頸，將其摔倒在地，且我左手回
護體前，目視對手。（圖46、47）

【要點與提示】拍擊準確有力，上步、支別、切頸動
作連貫一致，蹬地轉腰發力，力達觸點，意氣力合注。用

圖46　　　　　　　　圖47

圖48　　　　　　　　圖49

招時我右手臂下切與左腿後別要形成錯力。

　　戰例20：

　　實戰時，對手突然發左蹬腿攻踢我胸部，我快動應變，上體左轉閃化，同時用右手抄抱來腿，右腿支別對手支撐腿，將其摔倒在地，目視對手。（圖48、49）

　　【要點與提示】轉身快捷，抄腿準確，別腿蹬地轉腰

| 圖50 | 圖51 |

發力，力達觸點，意氣力合注。用招時一定要順勢借對手蹬腿之力施發摔技。

戰例21：

實戰時，我突然發右彈拳搶打對手面部，對手後閃避化，接著我向前進步，用雙手摟抱對手左右腿後拉，同時我肩胸前頂其腹部，將其摔倒在地，目視對手。（圖50、51）

【要點與提示】彈拳快猛，進步、抱腿、頂腹齊動一致，雙手後拉與肩胸前頂形成合力，意氣力合注。運用此招時，潛身抱腿應在對手上體後閃的瞬間進行，這樣才會施摔成功。

戰例22：

實戰時，對手突然發右直拳打擊我頭部，我快動應變，右腳上步，身體下潛閃破化來拳，同時雙手摟抱其左右腿，蹬地立腰展腹，雙手臂向體後拋扔，將對手摔倒在地，目轉視後方。（圖52～54）

圖52　　　　　　　　　圖53

圖54

【要點與提示】潛身快速，抱腿準確，蹬地展腹，轉腰仰身發力，力達觸點，意氣力合注。運用此招時隨挺身上舉的動作，我左腳可向前墊一小步，以起到助力施摔的作用。

圖55　　　　　　　圖56

戰例23：

實戰時，對手突然出左直拳打我頭部，我快動應變，進步潛身下閃來拳，同時雙手摟抱對手左右腿回拉，上體右轉，左肩前頂其腹部，將對手摔倒在地，目視對手。（圖55、56）

【要點與提示】潛閃及時，抱腿、進步協調一致，蹬地轉腰發力，力達觸點，意氣力合注。用招時雙手回拉與左肩前頂形成合力，且雙手向右下方用力。

戰例24：

實戰時，對手突然發左劈腿猛踢我頭部，我快動應變，用左手外磕來腿，接著左右手順勢環抱對手左腳，進步蹲身用右肩扛頂其膝窩，俯身蹶臀，將對手摔倒在地，目視下方。（圖57～59）

【要點與提示】抱腿牢固，蹲身扛腿準確，俯身蹶臀連貫，蹬地直膝發力，力達觸點，意氣力合注。磕化來腿

圖57　　　　　　　　　　圖58

圖59

要以橫破豎，磕擋後我左手要順勢摟抱對手來腳。

戰例25：

實戰時，對手突然發右高邊腿攻踢我頭頸，我快動應變，用左手向外拍擋破化，接著我上右步，左手順勢回抱對手右腿，右手環抱其腰間，挺身立腰向上舉抱對手，隨之向下掇摔，使之摔倒在地，目視下方。（圖60～62）

066

圖60　　　　　　　　　　圖61

圖62

【要點與提示】拍腿準確，上步抱腿、抱腰相連一致，蹬地展腹發力，力達觸點，意氣力合注。此摔技的勁法走的是上下回輪力，若運用得法，常常會使對手防不勝防。

戰例26：

實戰時，對手突然起右低邊腿狠踢我前腿內膝處，我快動應變，上體前俯，用雙手迎抱回拉來腿，同時我身體

圖63　　　　　　　　　圖64

左轉，右大臂下壓對手大腿處，將其摔倒在地，目視對手。（圖63、64）

【要點與提示】接腿準確，壓腿、轉身連動一致，蹬地俯身發力，力達觸點，勁力快爆，意氣力合注。接腿時一定要從對面相迎抱接，雙手抱拉之力與大臂下壓之力要形成錯力。

圖65

戰例27：

實戰時，對手突然起右邊腿狠踢我側肋，我快動應變，用左手順勢回抱來腿，接著上體左轉，右腿由前向後裏掛對手支撐腿，同時右手直推其肩部，將對手摔倒在地，目視前方。（圖65、66）

【要點與提示】接腿準確，掛腿有力，推肩快速，手

散打實用技法精要

圖66

圖67

圖68

圖69

腳齊動一致，蹬地轉腰發力，力達觸點，意氣力合注。用招時我上體左轉，既是為防止對手的腿攻，同時也是為發掛腿創造有利時機。

戰例28：

實戰時，對手突然發右高邊腿狠踢我面部，我快動應變，上體左轉，雙手合抱來腿，同時發右腿向後掃打對手的支撐腿，將其摔倒在地，目視對手。（圖67～69）

圖70　　　　　　　　　圖71

【要點與提示】抱腿準確有力，轉身掃腿協調一致，動作快猛，勁力爆脆，意氣力合注。在我發招抱腿、掃腿時，身體應向左旋滾，這樣才能將對手凌空打起。

戰例29：

實戰時，對手突然發右低邊腿攻踢我腿部，我快動應變，左手接抱來腿，左腳後插成偷步，同時我用右手別拔對手支撐腿，上體下俯，身體左轉，將其摔倒在地，目視對手。（圖70、71）

【要點與提示】抱腿及時，移步靈敏，別腿有力快速，蹬地轉腰發力，力達觸點，意氣力合注。用招時，右手反別對手支撐腿要與上體左轉形成前後爭力。

戰例30：

實戰時，對手突然用左側踹腿攻踢我胸部，我快動應變，雙手合抱破化來腿，接著我右腳右撤步，身體右轉270度，同時雙手向下拉涮對手左腳，將其摔倒在地，目視對手。（圖72、73）

散打實用技法精要

圖72

圖73

【要點與提示】接腿準確，雙手合抱有力，移步、轉身、涮腿配合協調一致，蹬地轉腰發力，力達雙手，意氣力合注。運用此招時，我雙手的用力軌跡要呈弧形。

戰例31：

實戰時，我突然發左直拳搶打對手面門，接著進步貼身，同時用雙手摟抱對手後腰，蹬地展腹，上體隨向右側轉倒身，將對手凌空抱起摔倒在地，且我身體壓在對手身上，目視對手。（圖74～76）

圖74

圖75

圖76

【要點與提示】拳打逼真，移步、抱腰、轉體一氣呵成，蹬地展腹，轉體側倒協調一致，意氣力合注。搶攻要果斷快捷，施摔時雙方上體要緊貼在一起。

戰例32：

實戰時，相互抱纏時，我突然用右腿屈膝回掛對手左支撐腿，同時右手推壓其肩頸處，將其摔倒在地，目視對手。（圖77、78）

【要點與提示】掛腿快捷，推壓肩有力準確，手腳協

圖77　　　　　　　　　　圖78

圖79　　　　　　　　　　圖80

調一致，意氣力合注。運用此招時我可以先向體左側回帶一下對手的身體重心，然後再出掛腿推摔，其效果更好。

戰例33：

　　實戰時，對手突然潛身用抱單腿摔技進攻我，我快動應變，右腳側閃步，左腳隨之回收，同時上體左轉，左手下按對手頭頸處，將其摔倒在地，目視對手。（圖79、80）

圖81

圖82

【要點與提示】移步靈活，按頸快速有力，轉腰發力，意氣力合注。使用此招要注意兩點：一要借對手前衝之際回收左腿；二要側閃移步目的是給對手讓出其倒地的位置。

戰例34：

實戰時，對手突然發左高位側踹腿攻踢我頭部，我快動應變，用雙手臂交叉上架，同時身體重心前移，雙手臂向上推架其左腿，將其摔倒在地，目視對手。（圖81、82）

圖83

圖84

圖85

【要點與提示】架臂及時準確，前移步、上推架連貫一致，蹬地送臂發力，意氣力合注。用招時要力起於腳，傳於背，達於手，且我雙手臂要向對手的斜上方架推發力。

戰例35：

實戰時，對手突然用左擺拳攻打我頭部，我快動應變，用左手臂外擋來拳，隨即外翻手腕與右手臂合抱對手的右臂下拉，同時我右腳上步，身體左轉用背部貼靠對手的胸腹，俯身崩臀，將其摔倒在地，目視對手。（圖83～85）

圖86　　　　　　　　　　圖87

【要點與提示】擋臂、抱臂連貫，上步轉身快速，蹬地直膝，長腰變臉發力，意氣力合注。運用此招時需要屈膝蹲身蓄力，上體及臀部要緊貼對手，以防對手進行反摔。

戰例36：

實戰時，對手突然發右鞭拳抽打我頭部，我快動應變，潛身下閃，同時右腳上步鎖控對手雙腿，雙手反撈其左右腿，接著我挺身立腰，身體右轉，雙手上撈腿將其摔倒在地，目視對手。（圖86、87）

【要點與提示】潛身及時，上步敏捷，撈腿有力，蹬地挺身發力，力達雙手，意氣力合注。運用此招時，要借對手轉身移步、身體不穩之際撈摔對手。

戰例37：

實戰時，對手突然發左直拳搶打我面門，我快動應變，右步側閃，用右手拍擊破化來拳，接著我進步至對手背後，雙手環抱腰腹上提，凌空橫折下摔，將其摔倒在

圖88　　　　　　　　　　　　圖89

地，目視對手。（圖88～90）

【要點與提示】閃步、拍擊及時準確，進步、抱腰連貫，蹬地展腹，提背轉腰發力，力達雙手臂。運用此招時必須將對手提抱橫擺呈水平狀，使其完全失去平衡。

戰例38：

實戰時，對手突然發

圖90

左高側踹腿狠踢我頭部，我快動應變，進步潛閃避化，同時我雙手摟抱對手支撐腿回拉，上體前俯身，右肩前頂大腿內側，將其摔倒在地，目視對手。（圖91、92）

【要點與提示】潛閃及時，進步抱腿連貫，蹬地俯身

圖91　　　　　　　　　圖92

發力，力達雙手及右肩，意氣力合注。運用此招時，我雙手後拉之力與右肩前頂之力要形成爭力。

戰例39：

實戰時，我突然進步潛身用抱雙腿技搶摔對手，對手隨應變俯身用雙手反壓抗摔，接著我變招雙手回抱對手左右手臂，蹬地立腰挺腹，用背部扛摔對手，使其經我背後摔倒在地，目視下方。（圖93、94）

【要點與提示】反抱臂有力、牢固，蹬地展腹發力，力達觸點，動作快猛，勁力爆脆，意氣力合注。用招時，當把對手身體扛起超過我身體垂直線時，我雙手要及時鬆開，以使對手疾速倒地。

戰例40：

實戰時，對手突然用挾頸過背摔搶攻我，我快動應變，身體下沉抗摔，右手扣撈對手右膝，左手前按其頭頸，同時我右腳向前上步，頭頸後縮，將其反摔倒地，目視對手。（圖95、96）

圖93

圖94

圖95

圖96

【要點與提示】抗摔有力，左右手配合齊動一致，蹬地沉身發力，力達觸點，意氣力合注。運用此招時，要注意左手的下按之力與右手的上撈之力要形成合力。

戰例41：

實戰時，對手突然潛身用抱單腿摔技搶攻我，我快動應變，身體後沉抗摔，左手下按對手頭頸，右手上掀其左腿，同時上體左轉，雙手向體左後方拋摔，將其反摔倒

圖97　　　　　　　　　　圖98

地，目視對手。（圖97、98）

【要點與提示】沉身抗摔有力，左右手配合一致，蹬地轉腰發力，意氣力合注。抗摔時我上體要前俯，左轉應借對手前衝抱腿之勢發力，以達到「四兩撥千斤」之效果。

戰例42：

實戰時，對手突然用挾頸背胯摔搶攻我，我快動應變，沉身抗摔，左手摟抱對手腰部，右手上抄其右腿，接著我雙腳蹬地上體挺身，雙手反抱起對手將其向下扔摔，使之摔倒在地，目視對手。（圖99、100）

【要點與提示】沉身抗摔有力，雙手同動一致，蹬地展腹發力，力達觸點，意氣力合注。用招時我胸腹部要緊貼對手，以起到助力施摔的作用。

戰例43：

實戰時，對手突然用潛身抱單腿摔進攻我，我快動應變，雙手回拉其左右大臂外側，左腳後撤步，同時我上體左轉，雙手臂向身體左後方旋擰，將對手反摔在地，目視

圖99

圖100

圖101

圖102

下方（圖101、102）。

　　【要點與提示】拉臂準確，移步轉身配合一致，蹬地轉腰發力，勁力快脆，意氣力合注。用招時要突出左、右手的旋擰之力。

　　戰例44：

　　實戰時，對手突然用抱臂過背摔搶攻我，我快動應變

圖103

圖104

沉身抗摔，左右手分別抱對手的肩、腰處向下用力，同時右腳直插對手右腿內側進行抗摔，目視下方。（圖103）

【要點與提示】雙手抗抱有力，插腳準確，拱背沉臀發力，力達觸點，意氣力合注。用此招時我右腿要直膝下插，使對手無法用力施摔。

戰例45：

實戰時，對手突然進身用左掛腿摔搶攻我，我快動應變，左手回抱對手右手，右手臂摟抱其頭頸，接著我上體左轉，雙手臂向左抱擰，同時右腿向後上方挑掛對手左腿，將其摔倒在地，目視左方。（圖104、105）

【要點與提示】反摔靈敏，右腿前伸突然，雙手抱擰有力，俯身變臉一致，意氣力合注。挑腿摔一定要借對手掛腿前推之力順勢發招。

戰例46：

實戰時，對手突然發右邊腿攻踢我側肋，我快動應

圖105　　　　　　　　　　　圖106

變，用左手接抱來腿，左腳上步，身體右轉，同時發右腳橫向攔踢對手支撐腿，右手向下撥按對手頭頸處，將其摔倒在地，目視對手。（圖106）

　　【要點與提示】接腿準確，上步、攔踢、按頸三動相合一致，蹬地轉腰發力，力達觸點，意氣力合注。施發此摔技時，我身體應向右側閃身，目的是為了給對手的倒地閃開位置。

　　戰例47：

　　實戰時，對手突然發左踹腿攻踢我右大腿處，我快動應變，回收右腿閃化，同時用右手抄接來腿，接著我右腳側上步，右手臂向斜上方拋臂，將對手摔倒在地，目視對手。（圖107、108）

　　【要點與提示】收腿快速，抄腿準確，上步、拋臂相合一致，蹬地轉腰發力，力達觸點，意氣力合注。抄腿拋摔時應借對手回抽左腿之際上步發力。

圖107

圖108

第二節　鎖拿招法

　　鎖拿為中國武術的精品，源遠流長，發端於春秋時期，勃興於秦漢年間，而鼎盛於明清至今世。在長期的發展過程中，鎖拿不同的時期有著不同的稱謂，如古代叫「絕脰」「捽胡」「絕肮」，而近代則稱為鎖拿、擒拿、巧拿等。

　　使用鎖拿必須有過人的膽力、精湛的功力和巧妙的技法，才能制勝對手。鎖拿以勁力為上，以法為貴，懂勁而知法者屬上乘功夫，懂勁而不知法者屬中乘功夫，不懂勁而不懂法者為下乘功夫也。勁必須下苦功夫練，法則需要

圖1　　　　　　　　　　圖2

在訓練時反覆體會，如此才能勁法兼為上者。

鎖拿是一種非常巧妙奇微的實用武技，非經長時間的練習和揣摩，很難體悟到其深義。拳語講「練拳不練功，到老一場空」「百招巧為先，勁力在其間」。鎖拿特別注重練功、練勁，而指爪功是巧拿的必修功法，指功主練手指尖的戳點功夫，爪功主練手指腹的扣抓功夫。

鎖拿技法可單技出擊，也可多技混用；可先發制人，也可後發制人。實戰中應隨機應變、審時度勢、能拿則拿、能打則打。譬如，見關節可使錯骨法，見筋絡可使分筋拿脈法，見穴位可使點打穴位法，見狂敵便使卸骨法等。

戰例1：

實戰時，對手突然發右劈掌攻打我頭面，我快動應變，用左、右手向上架托合抱來掌，同時我身體左轉，雙手向外合擰拿制其手腕，造成重創。（圖1、2）

【要點與提示】雙手架托、旋擰一氣呵成，蹬地轉腰、裹背夾肘發力，力達觸點，意氣力相合。擰腕時需借對手

圖3　　　　　　　　　　　　　　　　圖4

劈掌之力，然後我順勢發招。

　　戰例2：

　　實戰時，我突然發右直拳攻打對手面部，對手疾用右手刁抓我拳腕破化，接著我快上左步，用左手扣壓其右手背，同時發右外旋手切壓鎖拿對手的腕關節，造成重創。（圖3、4）

　　【要點與提示】上步、扣手、切腕連貫一致，蹬地轉腰、旋腕發力，力達觸點，意氣力相合。切腕時向體前斜下方發力，同時我左肘關節下壓對手肘部。

　　戰例3：

　　實戰時，對手突然用右手抓拉我右手，我快動應變，左步向前上步至對手右腿側後方，上體右轉，右手向下反折對手右腕關節，同時我左手臂纏抱其右小臂，且左手鎖扣在自己右腕處，造成重創。（圖5、6）

　　【要點與提示】上步、纏抱臂、下折腕協調一致，快速有力，左手纏抱牢固，轉腰收腹發力，力達觸點，意氣力相

圖5　　　　　　　　　　圖6

圖7　　　　　　　　　　圖8

合。反折右腕關節時我必須緊貼對手身體，以便順利得手。

戰例4：

實戰時，對手突然發右擺拳攻打我頭部，我快動應變，用左手臂屈肘外擋破化來拳，接著我左手外翻抓推其右手腕，同時左腳向前上步，右手臂由外向內纏抱別鎖對手右肘關節，造成重創。（圖7、8）

【要點與提示】擋臂及時，抓推手腕與纏別肘協調一

致，快速有力，蹬地轉腰發力，力達觸點，意氣力相合。抓腕別肘時切記要上步近身，不可離身分體。

戰例5：

實戰時，對手突然用右手抓拉我胸部施暴，我快動應變，用左手向下扣按對手右手腕，同時右手臂屈肘向上托錯其肘關節，造成重創。（圖9）

圖9

【要點與提示】錯肘接位準確，快速有力。左手向下扣按與右手臂上托形成爭力，沉身墜臀發力，力達觸點，意氣力相合。左手與右手同時進行發力，才能使錯肘的效果明顯。

戰例6：

實戰時，對手突然用左手從背後抓拉我右肩欲施打技時，我快動應變，身體順勢後轉，同時用右手臂由外向內纏繞挑別其肘關節，造成重創，並且我左手回護臉前。（圖10、11）

【要點與提示】轉身敏捷，纏繞別肘快速有力，蹬地挺身發力，力達觸點，意氣力相合。蹬地後挺身發力是此招之關鍵，可以增加挑別肘的力量。

戰例7：

實戰時，對手突然發右直拳攻打我頭部，我快動應變，用右手向外刁抓來拳腕部破化，隨即對手連發左直拳補打我面門，我順勢出左手刁抓其左拳腕部，雙手上下絞別鎖拿對手肘關節，造成重創。（圖12、13）

【要點與提示】雙手刁抓準確有力，絞別肘關節連貫，

圖10　　　　　　圖11

圖12　　　　　　圖13

蹬地轉腰、擰臂發力，力達觸點，意氣力相合。雙手絞別肘關節的運行軌跡呈立圓，雙手齊動一致。

戰例8：

實戰時，對手突然發左劈拳攻打我面門，我快動應變，用左手臂挑磕破化來拳，接著我進步身體左轉，同時左手翻腕，刁抓、旋擰對手的左手腕，右手臂屈肘向下連發砸肘錯擊對手左肘關節，造成重創。（圖14、15）

圖14   圖15

【要點與提示】挑磕、抓擰快速準確，連貫一致，蹬地轉腰、俯身發力，力達觸點，意氣力相合。擰臂要使對手肘部向上，我砸肘的觸點在右肘處。

戰例9：

實戰時，對手突然用左手抓拉肩部施發右劈拳擊打我面門時，我快變應動，右腳向前上步，左手向外抓握對手左小臂，同時上體左轉180度雙手鎖抱下壓其肩，造成重創。（圖16、17）

【要點與提示】移步周身敏捷，雙手鎖壓肩牢固，蹬地轉腰、俯身發力，力達觸點，意氣力相合。抓臂壓肩時要借對手前衝之力，體現出借力打力的微妙。

戰例10：

實戰時，對手突然發左、右雙平砍掌攻打我頭頸，我快動應變，用左、右手臂屈肘外擋破化，隨之上左步貼靠對手，同時左、右手臂由內向外至上纏鎖對手肘關節，造成重創。（圖18、19）

散打實用技法精要

圖16　　　　　　　　圖17

圖18　　　　　　　　圖19

【要點與提示】擋臂準確，進步、雙手鎖別肘關節一氣呵成，蹬地展腹發力，力達觸點，意氣力相合。我用左、右腋窩緊固對手雙臂，同時左腳跟要上提，以助鎖肘之力。

戰例11：

實戰時，我突然發右直拳攻打對手面部，對手疾用右手

圖20

圖21

刁抓破化，隨即對手進步用雙手
撐控我右手臂，我順勢左轉身，
發左手推掐其咽喉要害，造成重
創。（圖20、21）

【要點與提示】順勢轉身快
速，蹬地轉腰有力，掐喉準確，
力達指端，意氣力相合。掐喉應
借對手撐臂之力出招，使其防不
勝防。

圖22

戰例12：

實戰時，對手突然進身用雙手抓拉我肩部發右膝搶
攻，我快動應變，用左手臂向下拍阻破化來膝，同時發右
爪狠力掐鎖對手咽喉，造成重創。（圖22）

【要點與提示】拍膝準確，鎖頜快速有力，雙手同動
一致，力達觸點，意氣力相合。掐鎖對手咽喉時右爪虎口
要向上，同時力達指端，重創其氣管、食管。

圖23

圖24

戰例13：

實戰時，對手突然發雙推掌攻打我胸部，我快動應變，用左手臂由體前向外畫弧撥攔破化來掌，隨之左手翻腕抓拉其左手臂，同時我上右步，身體右轉連發右爪扣抓下拉其眉骨，造成重創。（圖23、24）

【要點與提示】撥攔快速有力，蹬地轉腰發力，力達雙手，上步貼靠對手，左、右手形成爭力，意氣力相合。我右大腿需緊頂對手的左後大腿，如此發招更有實效性。

戰例14：

實戰時，對手突然進步潛身用抱腿摔攻擊我，我快動應變，用左手抱對手頭部、右手抱其下頜猛力向外旋擰，造成重創。（圖25）

圖25

圖26　　　　　　　　　　　　　圖27

【要點與提示】雙手抱頭牢固，旋擰有力，力達觸點，意氣力相合。抱頭旋擰要配合腰胯轉動，且雙手藏有下按之力。

戰例15：

實戰時，對手突然發左直拳擊打我面部，我快動應變，用右手向外拍擊破化來拳，接著我快上右步，同時用左手臂由外向內纏鎖對手頭頸，並且我右手扣握於左手腕，造成重創。（圖26、27）

【要點與提示】鎖頸快速、有力、準確，挺身展腹合臂發力，力達雙手臂，意氣力相合。纏鎖對手頭頸時，我左手臂應有向內旋擰合抱之力。

戰例16：

實戰時，我突然從對手背後用抱雙腿、頭頂臀將其摔倒在地，接著躍身蹲坐於對手後大腿處，同時我發左、右手由其腋下上穿鎖抱胸肩及頭頸處，造成重創。（圖28～30）

【要點與提示】抱腿摔、鎖拿腰動作快速連貫，左手

圖28

圖29

上抱胸肩與右手纏鎖下壓頭頸相合一體，力達觸點，意氣力相合。上折其後腰時，我雙腿分開，胸腹貼緊對手後背。

圖30

戰例17：

實戰時，對手突然發右直拳攻打我面門，我快動應變，進步下潛身用抱雙腿摔將其摔倒在地，接著我雙手抱擰其雙腿向右轉身，同時左腳橫跨步，身體騎壓在對手後腰處，雙手反鎖其雙腿後折，造成重創。（圖31～33）

圖31

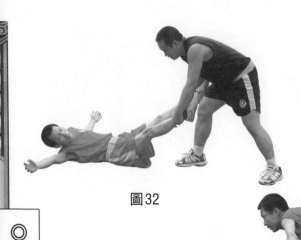

圖32

圖33

【要點與提示】抱摔快捷，抱腿後折連貫有力，坐臀與鎖腿協調一致，仰身發力，力達觸點，意氣力相合。坐臀時我雙腳要分開，以保持身體平衡。

戰例18：

實戰時，對手突然發左直拳攻打我頭部，我快動應變，下潛身閃化來拳，同時用右手向上摟扳對手左腳踝，左手下推其大腿，使之摔倒在地，造成重創。（圖34、35）

圖34

【要點與提示】潛身及時，俯身、拱背發力，左、右手形成錯力，力達觸點，意氣力相合。我右手向上摟扳對手左腳踝時，手要提離地面。

圖35

圖36

圖37

戰例19：

　　實戰時，對手突然發左後撩腿攻踢我胸腹部，我快動應變，上體向右閃身，疾用左手下拍對手左腿後膝處，同時我進身用右手向上托疊其腳背處，雙腿呈跪步鎖拿其膝部，造成重創。（圖36、37）

圖38　　　　　　　　圖39

【要點與提示】轉腰閃身快捷，雙手鎖膝準確有力，俯身沉肩發力，力達雙手，意氣力相合。雙手疊腳鎖膝時，我需要有前衝之力。

戰例20：

實戰時，對手突然發右邊腿攻踢我側肋，我快動應變，用左手接抱來腿，同時發左低邊腿掃踢其支撐腿，使之跌倒在地，接著我連用雙手十字鎖拿對手膝部，且我右腳下踩其左內膝處，造成重創。（圖38、39）

【要點與提示】接腿、邊踢協調一致，鎖拿時左手抱小腿，右手下壓膝，雙手相互扣鎖。俯身錯臂發力，力達觸點，意氣力相合。我雙手十字鎖其右膝與右腳下踩對手左內膝形成力偶。

戰例21：

實戰時，對手突然發左中位側踹腿搶攻我胸部，我快動應變，身體後移重心，同時用左、右手接抱破化來腿，隨即身體左轉，雙手向左錯扭對手左腳踝關節，使之倒跌

圖40

圖41

在地，造成重創。（圖40、41）

【要點與提示】接腿準確，錯撐腳踝果斷，轉腰撐臂發力，力達雙手，意氣力相合。我錯撐對手腳踝時，要先有一個回拉的動作。

戰例22：

實戰時，對手突然發右直拳攻打我面部，我快動應變，用左手臂屈肘外擋破化來拳，接著我左手外翻抓拉與右手合抱其右手臂，同時右腳上步，身體左轉，使用過背摔將對手摔倒在地，隨之我順勢倒地，雙腿橫壓其上體，雙手合扳下壓對手右腕進行鎖肘，造成重創。（圖42～45）

【要點與提示】施摔快速，蹬地俯身發力，倒身敏捷

圖42

圖43

圖44

圖45

圖46　　　　　　　圖47

圖48

連貫，雙腳下蹬地面與雙手扳壓形成錯力，仰身發力，力達觸點，意氣力相合。進行鎖肘要以腹部為支點，錯擊對手的肘關節。

戰例23：

實戰時，對手突然發左直拳攻打我頭部，我快動應變，進步潛身閃化來拳，同時用左手抱腰、右手抱腿發挺身掇摔，將其摔倒在地，接著我順勢俯躺身下壓於對手身上，左手向下扣壓對手左手腕，右手從下穿越其手臂扣鎖在我左小臂上，進行鎖臂，造成重創。（圖46～48）

圖49　　　　　　　　　圖50

【要點與提示】潛身及時，抱摔快速、兇狠，躺身、鎖臂一氣呵成，俯身發力，意氣力相合。我順勢俯躺身下壓於對手時要斜身分腳，以此來保持自身的穩定性。

戰例24：

實戰時，對手突然出右拳打擊我胸部，我快動應變，用左手向外拍擊破化來拳，同時右手下按對手頭頸，連發右撞膝狠頂其腹部，接著我使用別摔將對手摔倒在地，順勢雙手合拿對手右手腕，右腿從其右臂上橫跨步，身體左轉，雙腿屈膝盤絞其肘關節，造成重創。（圖49～52）

【要點與提示】拍擊、撞膝相合一體，雙手拿腕與雙腿盤絞形成錯力，力達觸點，意氣力相合。此招屬組合技法，運用時一定要注意動作的銜接性和連貫性。

戰例25：

實戰時，對手突然用右邊腿攻踢我側肋，我快動應變，進步用左手摟抱來腿，同時右手直推對手胸部，將其摔倒在地，接著我上體後躺倒地，雙腿向下交叉盤壓對手

圖51

圖52

圖53

圖54

圖55

胸部，雙手搭扣將其右腳踝關節鎖於我左腋窩處，造成重
創。（圖53～55）

圖56　　　　　　　　　圖57

【要點與提示】接腿準確，推摔快猛，鎖踝時雙手與雙腳上下形成爭力，同動一致，快速有力，仰身展腹發力，力達觸點，意氣力相合。運用此招時，我右腿要暗藏下壓對手左腿之力，以防其反攻。

戰例26：

雙方交戰，對手突然出右拳砸擊我頭面，我快動應變，用左手臂上架破化來拳，接著我左右手翻抓合抱下拉對手右手臂，同時右腳向前上步，左腳隨之背步，身體左轉連發揣摔將其摔倒在地，隨後我順勢成跪步，用右膝脆壓對手腹肋，右手臂纏鎖其右肘關節，左手下推對手下頜，造成重創。（圖56～58）

【要點與提示】架擋準確，揣摔連貫有力，蹬地拱背發力，鎖肘時我左、右手形成上下爭力，力達觸點，意氣力相合。當我鎖控對手右肘關節時，切記要用右腋窩夾緊他的右手臂。

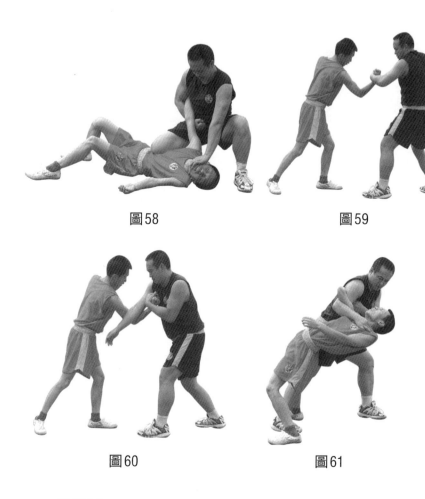

圖58　　　　　　　　　　　圖59

圖60　　　　　　　　　　　圖61

戰例27：

實戰時，對手突然發右勾拳向上抄打我下頜，我快動
應變，用左手向下擋抓破化來招，右手下插由外向內纏繞
其右肘關節後掐鎖其咽喉，同時我右腳向側上步別摔對
手，造成重創。（圖59～61）

【要點與提示】擋抓準確有力，纏繞肘關節與鎖喉相
連緊密，別摔快猛，轉腰發力，力達觸點，意氣力相合。

圖62　　　　　　　　　　　　圖63

我施發纏繞肘關節與鎖喉動作時，必須配合腰部的左右轉動。

戰例28：

實戰時相互纏抱，我突然用左手抓拉對手右手臂，右手下別其右膝處，同時身體左轉，使用手別摔將對手摔倒在地，接著我順勢側倒身，用右手臂猛力夾鎖對手的頭頸，左手臂抱控其右手臂，造成重創。（圖62、63）

【要點與提示】別摔快猛，蹬地轉腰發力，鎖頸躺身有力，側倒身時左右腳分開，意氣力相合。我倒身側壓時，左右腳與右臂要形成一個平面三角形，以保持身體的穩定性。

戰例29：

實戰時，對手突然發左側踹腿攻踢我胸部，我快動應變，用雙手合抱破化來腿，接著我雙手向左擰其腳踝，同時右腿向下劈砸其左膝窩且我順勢倒地，用右手推折對手左腳面，用右腿直膝墊插於其左膝窩內，左手下按對手後

圖64

圖65　　　　　　　　　　　　圖66

背，進行折踝，造成重創。（圖64～66）

【要點與提示】接腿準確，擰腳、劈腿、折踝三動合一，一氣呵成，倒身自然，力達觸點，意氣力相合。我順勢倒地時切記要閉氣團身。

戰例30：

實戰時，我突然進步潛身用雙手合抱回拉對手左前支

圖67　　　　　　　　　圖68

撑腿，將其摔倒在地，接著我身體左轉，右腿跨過對手左腿，蹲身下坐於對手身上，左腳蹬地，右腳外展下壓，同時雙手臂合抱其左腳進行鎖膝，造成重創。（圖67、68）

【要點與提示】抱腿摔快速，蹲身下坐與雙手抱腿形成錯力，沉臀展腹，力達觸點，意氣力相合。我雙手臂合抱對手左腳進行鎖膝時，應以腹部為支撐點。

戰例31：

實戰時，相互纏抱，對手突然用掛腿推摔將我摔倒在地，我順勢倒地變招，用左右手合拿對手右手臂向外猛推，同時發左右腿合盤其頭頸，造成重創。（圖69～71）

【要點與提示】倒地自然、含頜，雙手拿握準確，左右腿合盤牢固有力，雙腿內含錯力，力達觸點，意氣力相合。倒地時，我需用雙手沾黏、回掛對手的手臂。

圖69

圖70　　　　　　　　圖71

圖72

戰例32：

　　實戰時，對手突然轉身發左後蹬腿攻踢我心腹，我快動應變，用左右手上下合抱後拉來腿，將其摔倒在地，接著我右手抓握其左腳，左手抓握其右腳，交叉疊折，隨之我雙腿蹲跪，雙手合握對手左腳下壓，左膝下跪於對手臀部，造成重創。（圖72～74）

　　【要點與提示】接腿拉摔快錳，雙手抓握腳準確有力，

圖73

圖74   圖75

下折疊腳與下壓膝同動協調一致，意氣力相合。下折疊腳
與下壓膝時，要壓在對手身體的中心線上，不可偏斜，以
防逃脫。

戰例33：

實戰時，對手突然出左直拳攻打我胸部，我快動應
變，用左右手刁抓回拉其左手臂，同時發左攔掃腿狠踢其
前支撐腿，使之失衡倒地，接著我左轉身，右膝下跪狠壓
對手左肩，且雙手折壓其左手臂，造成重創。（圖75、76）

圖76　　　　　　　　圖77

圖78

【要點與提示】掃踢拉臂上下配合，齊動一致，快速
準確，右跪膝壓肩、右手壓肘、左手折腕三動合一，屈膝
沉身發力，力達觸點，意氣力相合。我雙手推拉臂時，應
向體後斜下方用力。

　　戰例34：

　　實戰時，對手突然起右高邊腿猛踢我頭頸，我快動應
變，用左右手上下卡接來腿，同時發右側踹狠踢其肋腹，
使之倒地，接著我順勢躺倒向左滾身，用雙腿上下盤壓對
手右大腿，雙手合抱其右腳後跟，進行鎖膝，造成重創。
（圖77、78）

圖79　　　　　　　　　　　　圖80

【要點與提示】接腿及時有力，踹腿轉腰展胯，倒地滾身自然順暢，雙腿盤壓與雙手扳腳形成錯力，鎖膝支點在襠腹處，仰身展腹，力達觸點，意氣力相合。我雙手扳腳時要緊貼胸部，以防對手抽腿逃脫。

戰例35：

實戰時，對手突然發右邊腿攻踢我側肋，我快動應變，進步用左手臂接抱來腿，同時上右腿別插於對手支撐腿後，右手猛推其胸，將對手摔倒在地，接著我左腳向右橫跨步，身體右轉成跪步，右手抓其小腿，左手下穿對手右腿，扣搭於我右腕處進行鎖腳，造成重創。（圖79～81）

【要點與提示】接腿別摔快捷、有力，雙手搭扣牢固，鎖腳兇狠，意氣力相合。雙手搭扣、鎖腳時，切記要將對手的右腳緊夾在我的左腋下。

戰例36：

實戰時，對手突然發轉身右鞭拳抽打我頭部，我快動

散打實用技法精要

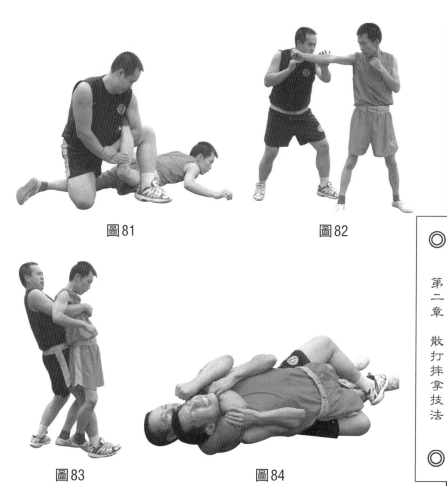

圖81　　　　　　　　　　圖82

圖83　　　　　　　　　　圖84

應變，用左手外拍破化，接著我上右步，從其背後用雙手抱胸施摔，對手隨用右腳反勾腿將我摔倒，我順勢後倒身，左、右手臂盤鎖對手頸部，造成重創。（圖82～84）

　　【要點與提示】倒身觸地，肌肉收緊，下頜內含，雙手臂盤鎖有力，挺身發力，力達觸點，意氣力相合。我順勢倒地後，用左腿盤壓對手雙腿。

圖85

圖86

圖87

圖88

戰例37：

實戰時相互纏抱，我突然蹲身用右腿掛跪對手左小腿，右手快抓其左小腿外側，同時左手狠推其上體，將對手摔倒在地，接著我左、右手臂交叉盤鎖對手的右腳踝，造成重創。（圖85～88）

圖89

【要點與提示】跪腿摔快速，左手推與右腿掛齊動一致，蹬地轉腰，合臂發力，力達觸點，雙手搭扣牢固，意氣力相合。我盤鎖對手右腳踝時，注意要用右膝跪夾對手的左小腿。

戰例38：

實戰時，對手突然發左直拳搶打我胸部，我快動應變，左、右手臂屈肘，由外向內錯擊其肘關節，造成重創。（圖89）

【要點與提示】左、右手臂豎立橫擊，準確有力，蹬地轉腰發力，力達左、右手臂內側，意氣力相合。我左、右手臂豎立橫擊時，必須同時進行。

戰例39：

實戰時，對手突然進身用左、右手抓拉我胸部欲發膝攻，我快動應變，左、右手上下分別抓絞鎖控其左、右手腕，將其雙臂絞鎖，同時我用右腿支別對手右腿，造成重創。（圖90、91）

圖90　　　　　　　　　　　　圖91

【要點與提示】抓握手腕牢固，絞鎖有力，絞鎖臂與別腿摔同動一致，力達觸點，意氣力相合。我絞鎖臂與別腿摔的動作，可以起到雙重打擊對手之目的。

戰例40：

實戰時，對手突然出左劈拳狠砸我面門，我快動應變，用左手臂屈肘上架，隨之我前上右腳，身體左轉，肩背緊貼對手胸臂，同時雙手合力下扳其手臂進行扛肘，造成重創。（圖92、93）

【要點與提示】移步進身連貫，扳腕、扛肘形成上下錯力，蹬地挺身發力，力達觸點，意氣力相合。我向前上右腳時，身體要有一個潛身穿入的動作。

戰例41：

實戰時，我突然發右邊腿攻踢對手腹肋，對手疾動用夾腿別摔將我摔倒在地，我順勢後倒身，雙手向右抓拉對手右臂，同時用左、右腿交叉夾鎖其頭頸，造成重創。（圖94、95）

圖92　　　　　　　　　　圖93

圖94　　　　　　　　　　圖95

【要點與提示】倒地時含收下頜，背部肌肉收緊，雙手抓拉與雙腿夾頸配合協調一致，快速兇猛，意氣力相合。我雙腿夾頸時，一定要內含夾擠之力。

戰例42：

實戰時，對手突然出右直拳搶打我面部，我快動應變，用右手抓握來拳腕部，接著我快發裏合腿狠踢其頭

圖96　　　　　　　　　　圖97

圖98

部，對手側閃頭避開，隨之我上體左轉後倒身，左、右腿上下合盤對手雙腿，雙手合扳下壓對手右手腕，利用襠腹進行折肘，造成重創。（圖96～98）

【要點與提示】抓腕及時準確，裏合腿快猛，倒身順暢自然，雙手扳腕與雙腿合盤形成爭力，仰身展腹，力達觸點，意氣力相合。我倒身時一定要含胸裏背。

戰例43：

實戰時，對手突然發右劈掌砍擊我面門，我快動應變，用右手刁抓其手腕破化，對手隨用雙手搭扣切拿我右

118

圖99

圖100

手腕，我順勢用左手由上向下拿握
其右手腕進行折疊，同時我右肘纏
繞狠擊其面門，造成重創。（圖
99～101）

【要點與提示】刁抓手腕及
時、準確，折腕、擊面順暢連貫，
蹬地轉腰發力，力達觸點，意氣力
相合。發此招時，我左、右手臂一
定要有纏裹之勁。

圖101

戰例44：

實戰時，對手突然從背後抓拉我頭髮，我快動應變，
左手扣抓對手右手，同時我身體猛向右轉，發右豎格肘別
錯其右肘關節，造成重創。（圖102、103）

【要點與提示】扣手有力，別肘快速、準確，蹬地轉
腰發力，力達觸點，意到、氣到、力到。我頭部上頂與左
手下抓對手右手必須牢固，以防其逃脫。

圖102

圖103

圖104

圖105

戰例45：

實戰時，對手突然發右直拳搶打我面門，我快動應變，左手臂屈肘上架破化，隨之我左手外翻抓擰來拳腕部，同時上體潛進，上右步別於對手右腿後，右肩上扛錯擊其肘關節，且我右手摟推對手左肩，造成重創。（圖104、105）

【要點與提示】上架及時，拉腕、上步、扛肘、推肩四動合一，協調有力，力達觸點，意氣力相合。此招內含拿、摔二技，如果運用得當，可以收到雙重打擊效果。

圖106　　　　　　　　　圖107

戰例46：

實戰時，對手突然發右劈拳狠擊我面門，我快動應變，左手臂屈肘上架破化，同時我身體左轉，右腳向前上步，左手抓扳對手右腕，右手臂由上至下繞其肘窩回掛，進行鎖肘，造成重創。（圖106、107）

【要點與提示】架臂準確，上步、掛鎖肘部協調一致，左、右手齊動合一，力達觸點，雙手內藏錯力，意氣力相合。發招時，我右腳要向前上步，且必須緊貼對手身體。

戰例47：

實戰時，對手突然進步搶發右直拳攻打我面部，我快動應變，左手向外拍擊破化來拳，同時出右低踩腿狠踢對手前支撐腿內踝處進行錯踩，造成重創。（圖108～111）

【要點與提示】拍擊及時，踩踢準確，上體前俯，沉身踏腳發力，力達觸點，意氣力相合。我出低位右踩腿狠踢對手前支撐腿內踝時，一定要注意將身體的重心前移至右腳。

圖108　　　　　　　圖109

圖110

圖111

戰例48：

實戰時，對手突然進身用左、右手掐鎖我咽喉，我快動應變，左手在上、右手在下，對抓對手腕部進行上下交叉扭臂，同時我右腳後撤，身體左轉，右肘下壓其肘臂處，造成重創。（圖112、113）

122

圖112　　　　　　　　　　圖113

【要點與提示】抓腕準確，扭臂有力，移步、壓肘、轉身配合協調一致，蹬地轉腰發力，力達觸點，意氣力相合。我雙手對抓對手腕部進行上下交叉扭臂時，需要貼近對手身體。

戰例49：

實戰時，對手突然發左直拳攻打我頭部，我快動應變，用左手臂屈肘向外擋抓來拳腕部，同時右腳上步至對手右腿後方，右手扣扳其下頜，造成重創。（圖114、115）

【要點與提示】擋抓及時、有力，上步、扳頜快速準確，力達雙手，意氣力相合。抓腕扳頜時，我上體要緊貼對手後背。

戰例50：

實戰時，對手突然用右手反抓我右手腕進身施拿，我快動應變，右手向外旋腕反拿其右手，同時我疾上左步，身體右轉，用左手臂由下向上盤鎖對手右肘關節，造成重

圖114　　　　　　　　　圖115

圖116

圖117

創。（圖116、117）

【要點與提示】螺旋轉腕，上步、鎖肘配合協調一致，上體側傾合臂發力，力達觸點，意氣力相合。我疾上左步時，要緊貼對手右腿，以便發力順暢、有效。

 第 三 章

散打功法訓練

第一節　摔功訓練法

一、腰腿功訓練

（一）腳功訓練

1. 左右跳腳練習

練習者雙腳併攏，身體自然站立，接著左右腳向身體兩側依次分跳、併腳，同時雙手臂隨擺體側，如此反覆練習，目視前方。（圖1～3）

圖1　　　　　　　　圖2　　　　　　　　圖3

圖4　　　　　　圖5　　　　　　圖6

2. 前後跳腳練習

練習者雙腳併攏，身體自然站立，接著左右腳向身體前、後依次分跳、併腳，同時雙手臂隨擺體側，如此反覆練習，目視前方。（圖4～6）

3. 連環抽腳練習

練習者側身左右腳前後開步站立，右腳插於左腳後鎖別左腿，接著左腿屈膝上盤，並回抽左腳向體後落步，同時上體左轉，右手向下撥掛左腳外側，隨雙手臂自然下擺體側，如此反覆練習，目視前下方。左右腳練習方法相同，唯方向相反。（圖7～10）

4. 內翻腳練習

練習者雙腿自然開步站立，左、右腳依次向體前內屈

圖7　　　　　　　圖8　　　　　　　圖9

圖10　　　　　　圖11　　　　　　圖12

膝上翻，同時右、左手分別拍擊上翻腳的內側，且另一手隨擺體側，如此反覆練習，目視下方。（圖11、12）

5. 外翻腳練習

練習者雙腳自然開步站立，左右腳依次向體側外屈膝

圖13　　　　　　圖14　　　　　　圖15

上翻，同時左、右手分別拍擊上翻的外側，且另一手隨擺體側，如此反覆練習，目視下方。（圖13、14）

6. 後翻腳練習

練習者雙腿自然開步站立，左、右腳依次向體後屈膝上翻，同時左、右手依次拍擊上翻腳後跟，且另一手隨擺體側，如此反覆練習，目視後方。（圖15、16）

7. 前翻腳練習

練習者雙腳自然開步站立，左、右腳依次向體前直膝上翻，同時右、左手分別拍擊上翻腳的腳尖，且另一手隨擺體後，如此反覆練習，目視前方。（圖17、18）

8・左右轉腳練習

練習者雙腳左右開大步站立，雙腳蹬地，上體左右俯

圖16　　　　　圖17　　　　　　　　圖18

圖19　　　　　　　　圖20

身轉動，同時雙手臂自然擺動，左右手扶落膝和大腿外側，如此反覆練習，目視前方。（圖19、20）

【要點與功效】腿腳靈活，富有彈性，腰身配合協調一致，雙手臂隨動以保持身體平衡，每組10～15次，可進行3～6組練習。

　　腳功訓練是為了提高練習者腿部力量及雙腳移位靈活性，是散打摔技中的基礎功法，應該刻苦練習。

圖21　　　　　圖22　　　　　圖23

（二）踢腿訓練

1. 正踢腿練習

練習者雙腳併步站立，平頭挺胸、立腰收腹，雙手臂直肘側展推開與肩高，掌心均向外，頭頸豎領，接著上左步，右腿直膝向額頭處上踢，然後進行左右腿互換練習，目視前方。（圖21、22）

2. 側踢腿練習

練習者雙腳併步站立，平頭挺胸、立腰收腹，雙手臂直肘側展推開與肩高，掌心均向外，頭頸豎領，接著雙手臂向體右側擺動，右手上架頭頂，左手回護右腋處，同時向前上右步，腳尖外撇，左腿直膝側踢至頭頂，然後進行左右腿互換練習，目視側方。（圖23）

圖24　　　　　　　　圖25

3. 單拍腿練習

　　練習者雙腳併步站立，平頭挺胸、立腰收腹，雙手臂直肘側展推開與肩高，掌心均向外，頭頸豎領，接著上左步，右腿直膝向面前上踢，腳尖繃展，同時右手向下拍擊右腳面，左掌側擺至體左側，然後進行左右腿互換練習，目視前方。（圖24）

4. 裏合腿練習

　　練習者雙腳併步站立，平頭挺胸、立腰收腹，雙手臂直肘側展推開與肩高，掌心均向外，頭頸豎領，接著右腳上步，左腿直膝由外向內扇形擺踢，高於頭面，同時右掌迎擊左腳底，繼而左腳回落體前，然後進行左右腿互換練習，目視前方。（圖25）

圖26　　　　　　圖27

5. 外擺腿練習

練習者雙腳併步站立，平頭挺胸、立腰收腹，雙手臂直肘側展推開與肩高，掌心均向外，頭頸豎領，接著右腳向前上步，左腿直膝由內向外扇形擺踢，高於頭面，同時左掌迎擊左腳外側，繼而左腳回落體側，然後進行左右腿互換練習，目視前方。（圖26）

6. 後撩腿練習

練習者雙腳併步站立，平頭挺胸、立腰收腹，雙手臂直肘側展推開與肩高，掌心均向外，頭頸豎領，接著右腳向後退步，上體前傾，雙手臂貼身體前後分挑，同時左腿直膝向後撩踢，高於頭位，然後進行左右腿互換練習，目轉視後方。（圖27）

【要點與功效】支撐腳扣趾抓地，擺踢腿直膝活胯，

圖28　　　　　　　　圖29

快速有力，左右腿互換練習，每組10～20次，可進行3～
5組練習。

踢腿練習能夠增強練習者腿部爆發力，提高腿部柔韌
性和靈活性及支撐腿的穩定性，同時也利於摔技動作的發
揮。

（三）腰功訓練

1. 前甩腰練習

練習者雙腳開步站立與肩同寬，雙手臂屈肘回盤體
前，抬頭挺胸，塌腰直膝，扣趾抓地，上體向前下方抻
擺，進行甩腰練習，目視前方。（圖28、29）

2. 前控腰練習

練習者雙腿開步或併步站立，雙手反抱左右腳踝處，

133

圖30　　　　　圖31　　　　　　　　圖32

同時上體向下俯身，低頭折腰，進行控腰練習，目視後方。（圖30、31）

3. 大涮腰練習

練習者雙腳開步站立與肩同寬，雙手臂向體前下方伸出，接著以腰為軸順時或逆時成大平圓轉動，進行大涮腰練習，同時雙手臂自然隨腰擺動，目視手方。（圖32、33）

4. 小涮腰練習

練習者雙腳開步站立與肩同寬，雙手臂自然下垂，接著以腰為軸順時或逆時針成小立圓轉動，進行小涮腰練習，同時雙手臂自然隨腰擺動，目視前方。（圖34、35）

5. 後下腰練習

練習者雙腳開步站立與肩同寬，雙手直臂向體後伸擺

圖33

圖34　　　圖35

圖36　　　　圖37

下撐於地面，同時上體向後反弓身，進行下腰練習，目視下方。（圖36、37）

　　【要點與功效】動作準確有力，速度由慢至快，幅度由小至大，每組10～12次，可進行3～6組練習。前控腰每組1～3分鐘，可進行2～4組練習。

　　拳語講「練武不活腰，終究藝不高」。腰為周身之樞紐，是成功施發摔技的必要條件，故需認真練習腰功。

圖38

圖39

圖40

二、倒跌功訓練

（一）滾翻功訓練

1. 前滾翻練習

身體自然站立，雙腿屈膝下蹲，雙手推按地面，上體團身，雙腳蹬地，低頭拱背，向體前直線滾動翻轉一周，同時雙手臂屈肘收於頭兩側，順勢站立，目視前方。（圖38～40）

2. 後滾翻練習

身體自然站立，雙腿屈膝下蹲，雙手臂屈肘收於頭兩側，上體團身後倒，收頜拱背，向體後直線滾動翻轉一周，同時雙手推地，順勢站立，目視前方。（圖41～43）

3. 側滾翻練習

身體側向自然站立，雙腿屈膝下蹲，雙手推撐地面，

圖41　　　　　　　　　　圖42

圖43　　　　　　　　　　圖44

圖45　　　　　　　　　　圖46

上體團身側倒，含胸收腹，向體側直線滾動翻轉一周，同時雙手推地，順勢站立，目視前方。（圖44～46）

4. 前躍滾翻練習

身體自然站立，雙腳蹬地，上體向前俯躍，雙手臂前伸，身體凌空，隨身體落地時，雙手臂屈肘推地緩衝，同時低頭團身拱背，向體前直線翻滾一周，順勢站起，目視前方。（圖47）

圖47

【要點與功效】翻滾圓順，團身緊切，動作與氣息協調一致，初練時可在草地、地毯或鬆軟的沙坑進行，以防受傷。每組10～15次，可做3～5組。

滾翻在摔跌倒地時能夠起到積極的自我保護作用，避免損傷發生。

（二）倒跌功訓練

1. 前跌練習

練習者身體自然直膝站立，雙腳併攏，雙手臂屈肘回收於胸前，接著上體向前倒，整身下跌，同時雙手屈肘推撐地面，抬頭直頸，目視下方。（圖48、49）

2. 側跌練習

練習者側身自然開步站立，隨右腳向體前滑出，身體向右側倒身，同時雙手臂向體右側拍撐地面，右腿外側著

圖49

地，左腳尖點地，抬頭直頸，目視右側方。（圖50、51）

3. 後跌練習

練習者雙腳分開與肩同寬，屈膝下蹲，雙手臂自然下垂體兩側，接著上體向後倒身，背部著地，低頭含頷，同時雙手臂側展拍撐地面緩衝，挺腹抬臀，右腿直膝上蹬，目視前方。（圖52）

圖48

圖51

圖50

圖52

圖53　　　　　圖54

4. 前空跌練習

　　練習者左腳向前踏步蹬地，雙手臂自然下擺，身體凌空向體前翻轉一周倒跌在地，雙腳、雙手臂及後背著地，挺腹抬臀，頭頜下含，目視前方。（圖53、54）

圖55

5. 後躍跌練習

　　練習者雙腳與肩同寬，屈膝半蹲，雙腳蹬地，上體向後躍倒身，雙手臂外展拍地緩衝，同時背部著地，雙腳併攏上舉，低頭含頜，目視前方。（圖55）

6. 盤腿跌練習

　　練習者自然站立，左、右腳依次向前上步，屈膝蹬地，左腿上提，右腿橫擺成裹合腿，同時身體凌空向左轉動一周，上體側倒，左右手臂屈肘合盤體前撐地，左腿屈

140

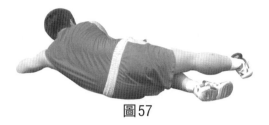

圖57

圖56

膝外側著地，右腿直膝橫擺扣地，目視前方。（圖56、57）

【要點與功效】倒跌順暢自然，著地部位準確，倒跌觸地時肌肉收緊、閉氣以增加抗力。初練時應在地毯、海綿墊或草地上進行，每組5～12次，可做3～5組。

倒跌功訓練旨在加強摔跌倒地時的自我保護，從而避免或減少散打損傷的發生。

三、拋接沙袋訓練

（一）單人練習

1. 左右拋接沙袋

練習者雙腿屈蹲成馬步，雙手臂平展於身體兩側，左手抓握沙袋向體右側拋扔，同時右手迎接抓握沙袋，隨之進行反覆練習，目視沙袋。（圖58～60）

圖58

圖59　　　　　　　　　　　　圖60

圖61　　　　　　　　　　　　圖62

2. 上下拋接沙袋

　　練習者雙腿屈蹲成馬步，右手抓握沙袋於身體前向上拋扔，同時左手快速準確刁抓回落的沙袋，另一手自然擺動於體側，隨之進行反覆練習，目視沙袋。（圖61～63）

【要點與功效】雙手拋接
沙袋準確有力，穩健連貫，
沙袋運行軌跡呈平直線和上
弧線，每組20～50次，可以
進行2～4組練習。

拋接沙袋可以培養練習者
的周身協調能力、手的抓握
力及眼力。

圖63

（二）雙人練習

1. 體前拋接沙袋

甲乙雙方相對分開站立，甲左、右腳前後呈開立步站
立，右手抓握沙袋向體前上方拋扔，同時乙方迎接下落的
沙袋，如此反覆進行練習，目視沙袋。（圖64）

圖64

圖65

圖66

2. 體側拋接沙袋

（1）甲乙雙方側身分開站立，甲左、右腳前後蹲站呈大馬步，左手抓握沙袋向體左側上方拋扔，同時乙方迎接下落的沙袋，如此反覆進行練習，目視沙袋。（圖65）

（2）甲乙雙方側身分開站立，甲方右腳後撤步呈歇步，右手抓握沙袋向體側拋扔，且左手回護胸前，乙方隨即迎接下落的沙袋，如此反覆進行練習，目視沙袋。（圖66）

圖67

圖68

3. 體後拋接沙袋

（1）甲乙雙方同向分開站立，甲右手抓握沙袋向身體後方仰身拋出，同時乙方迎接下落的沙袋，接著雙方同向轉身，如此反覆進行練習，目視沙袋。（圖67）

（2）甲乙雙方相對分離開步站立，甲方前俯身，右手抓握沙袋穿襠過背向體後拋扔，同時乙方迎接下落沙袋，如此反覆進行練習，目視沙袋。（圖68）

圖69

圖70

4. 提腿拋接沙袋

（1）甲乙雙方相對分離站立，甲方向前俯身，右腿向後提撩，同時右手抓握沙袋掄臂一周向體前拋扔，隨即乙方迎接下落的沙袋，如此反覆進行練習，目視沙袋。（圖69）

（2）甲乙雙方相對分離站立，甲方雙手抓握沙袋，右腿上提，同時雙手用力向體前拋扔，隨即乙方雙手迎接下落沙袋，如此反覆進行練習，目視沙袋。（圖70）

【要點與功效】雙方配合協調一致，準確有力。凡單

圖71

圖72

手練習的內容，可以互換另一手進行練習，每組20～50次，可進行2～4組練習。雙方站距由近至遠，沙袋重量由輕至重。

雙手拋接沙袋能夠培養練習者周身協調性、手的抓握能力及眼力。

四、對撐短棍訓練

1. 對撐棍練習

甲乙雙方相對站立，右腳在前，左腳在後，沉臀俯身，雙手各握短棍一端，進行左右對撐棍練習，目視前方。（圖71、72）

圖73

圖74

2. 對拉棍練習

甲乙雙方相對站立，右腳在前，左腳在後，沉臀含胸，雙手各握短棍一端，向體後方進行對拉棍練習，目視前方。（圖73）

3. 對頂棍練習

甲乙雙方相對站立，右腳在前，左腳在後，沉臀俯身，雙手各抓握短棍一端，向體前進行對頂棍練習，目視前方。（圖74）

圖75

圖76

圖77

圖78

4. 對轉棍練習

　　甲乙雙方順腳或對腳弓步站立，雙手各抓握短棍梢端和中段，然後呈立圓對轉棍，雙手上下變位進行練習，目視前方。（圖75～78）

圖79　　　　　　　　　　　　圖80

5. 拉頸棍練習

乙方雙腿蹲變成弓步，雙手卡腰，豎頸立腰，甲方雙手各抓握短棍一端，身體後坐，同時用棍中段掛拉乙方頭頸處，進行抗力練習，甲乙雙方可互換練習，目視前方。（圖79、80）

6. 單擰棍練習

甲乙雙方相對站立，右手各持握短棍一端，接著甲沉身蹲步，依次向左右方向對擰棍，同時乙方隨甲方反方向抗力擰棍，進行反覆練習，目視前方。（圖81、82）

【要點與功效】對練棍協同一致，用力由小到大，凡單手練習的內容可進行互換手練習，應選擇圓滑結實的短棍。每組30～50次，可進行3～5組練習。

對擰棍練習可以增加雙手抓擰力及手臂、腰腹、大小腿等部位的力量，對摔技的運用十分有好處。

圖81

圖82

五、器械訓練

1. 撐抖帶練習

　　練習者可選用跤衣帶、軟皮帶或結實布帶等任意一種，抓握其兩端，然後進行摔技動作的練習，由左右手相互用力撐抖，達到鍛鍊雙手臂、腰腹及下肢等部位的協調性和爆發力，同時也能提高摔技的熟練性和支撐腿的穩定性，是散打摔技器械訓練中一種行之有效的方法。抖撐軟帶每個動作練習10～20次，可以進行3～5組練習。

圖83　　　　　　圖84　　　　　　圖85

圖86

圖87

圖88

　　如轉身挑勾子（圖83）、背步過背摔（圖84、85）、
變臉攔踢摔（圖86）、左右掛腿推摔（圖87、88）、左右
手別摔等（圖89、90）。

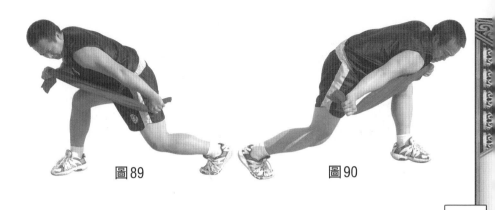

圖89　　　　　　　　　　　圖90

圖91

圖92

2. 摔鐵椿練習

練習者在熟練掌握各種散打妙摔技法後，可以將鐵椿模擬意化為對手來進行實戰練習，以此來增加功力，提高摔技的實用性。但要注意，同一摔法均可左右式互換進行練習，以達到全面發展之目的。每組摔法做10～20次，可以進行3～5組練習。

如扣腿推胸摔（圖91）、夾頸切別摔（圖92）、抱人

圖93　　　　　　　　　　　圖94

圖95　　　　　　　　　　　圖96

過胸摔（圖93）、夾頸打腿摔（圖94）、架樑攔腿摔（圖
95）、抱頸閃踢摔（圖96）等。

六、空摔與對摔訓練

（一）空摔訓練

空摔訓練是將散打摔法中的每一個單式拿出來，不添增任何輔助物，進行徒手施摔練習，要做到「無人似有人」。空摔練習的作用在於能夠熟練掌握摔技的動作要領，明晰實用意圖，熟練招式及提高動作速度和力度，是散打摔技訓練的重要方法。

空摔練習可以先從單一招式練起，逐步過渡到組合招式練習，以此來增加難度和提高實戰性。練習速度由慢至快，練習力度由小至大，每次練習30～40分鐘。

（二）對摔訓練

1. 配合摔練習法

配合摔練習法是散打摔法的中級功法練習，在空摔熟練後才可以進行。練習時，施摔者可與不同級別、不同身高的隊員進行對摔。對摔時先明確所使用的摔技動作，然後對手餵招給施摔者配合進行訓練，當施摔者能夠熟練運用動作後，配合隊員才可以在對摔過程中加入頂力抗摔或防守破化內容，以此來提高施摔者完成動作的難度，突出實戰感。每次練習20～30分鐘，雙方可互換練習內容。

2. 實戰摔練習法

實戰摔練習法是散打摔法的高級功法練習，是按散打

規則進行真摔，若求在實戰中將摔技發揮得淋漓盡致實屬不易，練習者必須經過長期系統的艱苦訓練，不斷修悟，才能達到運用自如的境地。實戰摔訓練時，運動員可以將散打妙摔的貼身摔、接腿摔和反摔等技法融合為一體，適時適機地在進攻或防守中使用。

實戰摔訓練可以與同隊隊員之間進行訓練，也可與異隊隊員之間進行訓練，同時還需隨機應變將摔技與腿技、拳技等結合使用，來突出實戰摔訓練的真實性和實用性。訓練時間每組2分鐘，可進行3～6組練習。

第二節　拿功訓練法

一、拿功雙人訓練

（一）穿抓手練習

甲乙雙方面對面屈膝蹲變成高位馬步，雙手同收抱腰間，掌心向上，雙方均以右掌直臂向體前穿出，高與咽喉，拇指一側與手腕關節相觸；接著雙方右手均向內旋腕，用力對握回拉對手的腕部，同時身體沉臀下蹲，目視手方。左手與右手練習方法相同，唯方向相反。（圖1～4）

【要點與功效】穿抓手連貫，沉身抓腕協調一致，意氣力相合，屈肘、沉肩、扣趾，力達雙手。

此動作主要練習雙手的抓握力、下盤樁功及眼功，每組50次，可進行3～5組練習。雙方之間的對站距離以互相對握手舒適得力為宜。

圖1　　　　　　　　　　圖2

圖3

圖4

（二）摟抓手練習

　　甲乙雙方面對面屈膝蹲變成高位馬步，雙拳同收抱腰間，拳心向上，雙方均以右拳變掌由腰間而出，由外向內弧形摟手至體前，雙方觸腕對抓後拉，同時身體隨摟手轉動，目視手方。左手與右手練習方法相同，唯方向相反。（圖5～8）

圖5　　　　　　　　　　　　圖6

圖7　　　　　　　　　　　　圖8

【要點與功效】蹲步穩健，出手水平摟抓，抓腕準確、有力、牢固，沉身、旋臂、扣趾發力，力達雙手，意氣力相合。此動作主要練習雙手觸位抓腕的靈活性、準確性及力量性。每組50次，可進行3～5組練習。

（三）對接手練習

甲乙雙方面對面，甲雙腿屈膝蹲變成馬步，乙雙腿屈膝蹲變成左弓步，接著乙方依次發右、左劈拳，右、左直

圖9　　　　　　　　　　圖10

圖11　　　　　　　　　圖12

拳，右、左勾拳和右、左
擺拳攻打甲方，甲方疾動
應變，分別從上方、右
方、左方及下方應接對抓
乙來拳的腕部，且另一側
的手回收腰間，進行對接
手的練習，目視拳方。
（圖9～16）

圖13

圖14

圖15

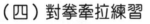

圖16

【要點與功效】對接手及時準確，抓腕有力牢固，蹬地轉腰發力，力達觸點，甲方對抓乙方的直拳時要注意腰部的轉動配合。此動作主要培養練習者手急眼快和應招、破招的能力。每組 20～50 次，可進行 3～5 組練習。甲乙雙方要互換練習內容。

（四）對拳牽拉練習

甲乙雙方側身對站，雙拳同時回抱腰間，目轉視對手，甲方先上左步成左弓步，連發右直拳打擊乙方面門，乙方疾動應招，後撤右腳成右弓步，同時用雙手抓腕推肘，牽拉甲右手臂；隨之乙方左轉身順勢發右直拳打擊甲方面門，甲方疾動應招，右轉身成右弓步，同時用雙手抓腕

圖17　　　　　　　　　圖18

圖19　　　　　　　圖20

圖21

推肘，牽拉乙右手臂，如此反覆進行練習，目視對方。左手練習與右手練習方法相同，唯方向相反。（圖17～21）

圖22　　　　　　　圖23

【要點與功效】直拳快速有力，接手抓腕、推肘準確，蹬地轉腰、變步連貫自然，一氣呵成，左右直拳應互換練習。此動作主要是練習雙手的抓握能力、出招變招的能力及增加實戰感和提高實戰意識。每組20～30次，可進行3～5組練習。

（五）單擰臂練習

1. 劈拳單擰臂

甲乙雙方面對面站立，乙方發右劈拳砸擊甲方頭面，甲方疾動應招，用右手臂上架，隨之甲向外翻腕，右手抓擰乙方右手臂，另一手回收腰間，如此進行反覆練習，目視手方。左手抓擰練習與右手抓擰練習內容相同，唯方向相反。（圖22～25）

【要點與功效】架拳及時，翻腕快速，抓擰手臂牢固有力，蹬地轉腰旋臂一致。此動作主要是練習手的拿力和實戰時的應變能力，左右手互換練習，每組20～30次，可

圖24　　　　　　　　　　　　圖25

圖26

圖27

進行3～5組練習。

2. 直拳單擰臂

　　甲乙雙方面對面蹲站成高位馬步，乙方發右直拳擊打甲方襠部，甲方疾動應招，用右手向下抓握其手腕，接著身體右轉，雙腳擰變成高位弓步，由下向上弧形抓擰乙方手臂，目視手方，且另一側手回護面前。左、右擰臂練習方法相同，唯方向相反。（圖26～29）

圖28   圖29

【要點與功效】抓腕快速及時，蹬地、擰臂、轉腰協
調一致，轉腕旋臂發力，力達觸點，此動作主要練習手臂
的抓擰力量和接招破招的能力。每組20～30次，可進行
3～5組練習。

（六）雙擰臂練習

甲乙雙方面對面蹲站，甲成高位馬步，乙成低位弓
步，乙方發右勾拳抄打甲方心窩，甲方疾動應招，用右、
左手上下合抱來拳，接著雙手向外進行雙擰臂練習，目視
手方。左、右雙手抓擰臂練習方法相同，唯方向相反。
（圖30～33）

【要點與功效】接手準確，擰臂有力，蹬地轉腰、提
臂發力，力達觸點，此動作主要是練習手臂的抓擰力量和
接招、破招的能力。每組20～30次，可進行3～5組練
習。

散打實用技法精要

圖30　　　　　　　　　圖31

圖32　　　　　　　　　圖33

（七）弓步對推手練習

甲乙雙方以左弓步對站，雙手互握，高與肩同，依次屈伸左、右肘臂進行對推手練習，目視前方。左右弓步可互換練習。（圖34、35）

【要點與功效】對接手牢固，蹬地轉腰、送肩發力，

圖34

圖35

力達雙手，此動作主要練習雙臂之力和雙手抓握之力，甲乙雙方對頂互推時，抗力由小至大，且要以雙方對推時動作不停滯為準。每組50次，可進行3～5組練習。

（八）馬步對推手練習

甲乙雙方面對面馬步蹲立，雙方交叉互握雙手，手臂自然伸直，然後甲方左、右手同時向前直肘推出，乙方屈肘反頂，如此雙方依次進行對推手練習，目視前方。（圖36、37）

【要點與功效】馬步穩健，推手有力連貫，左、右手齊動一致，反頂一方用力大小以對推對手動作不停滯為準，蹬地送肩發力，力達雙手。此動作主要練習樁功、手臂力量及身體平衡性。每組50次，可進行3～5組練習。

（九）絞鎖臂練習

甲乙雙方面對面馬步對站，雙手指交叉直臂互握於體

圖36

圖37

38

圖39

前，接著甲方左、右手向體左
方上、下絞鎖乙方雙手臂，此
時甲右手在上，左手在下，隨
之還原；甲方雙手臂再向體右
方上、下絞鎖乙方雙手臂，此
時甲左手在上，右手在下，如
此反覆進行練習，目視手方。
（圖38～42）

圖40

圖41　　　　　　　　　圖42

【要點與功效】對握手有力、牢固，絞鎖雙臂運行軌跡成立圓，互抗之力由小至大，以雙方動作不停滯為準。此動作主要練習手指的扣握力、雙手臂力量、樁功及指腕的靈活性。每組50次，可進行3～5組練習。

(十)爭拉手練習

甲乙雙方面對面以右弓步對站，同時用右手相互對握於體前，左手側展於體側以保持身體平衡，接著甲方向體前、後、左、右、上、下6個方向牽拉對手進行爭拉手練習，同時乙方抗頂甲方牽拉，雙方進行爭拉手練習，甲乙雙方可以互換練習內容，目視手方。（圖43～49）

圖43

168

圖44

圖45

圖46

圖47

圖48

圖49

【要點與功效】對握手牢固有力，牽拉時配合身體重心移動，方向可按序進行，也可無序進行，此動作主要練習手指抓握力、腰背力、腿腳力及身體靈活性和平衡性。每次練習10～30分鐘。

（十一）雙推手練習

（1）甲乙雙方以左弓步面對面站立，乙方用雙手扣抓在甲方雙手背上前推，甲方隨之反頂屈肘；接著甲方雙手臂伸肘向前推頂乙方雙手，乙方隨之反頂屈肘，然後甲方雙手向上翻腕扣抓在乙方雙手手背，甲乙雙方再進行互推、互頂練習，反覆練習，目視前方。（圖50～53）

（2）甲乙雙方以左弓步面對面站立，甲方用雙手扣抓在雙手背上，先向前推，然後向下壓，乙方隨動頂抗；接著乙方用雙手向甲方腹前推插後，上抬雙手臂與肩高，

圖50　　　　　　　　　圖51

圖52　　　　　　　　　圖53

甲隨動頂抗，進行反覆
練習。當右弓步對推手
時，乙方手位在上時，
練習方法相同，唯步型
相反。（圖54～61）

圖54

圖55

圖56

圖57

圖58

圖59

圖60

圖61

圖62

圖63

（十二）單推手練習

（1）甲乙雙方以右弓步面對面站立，甲方用右手搭抓在乙方的右手背上，同時左手卡腰向前推手，乙方隨屈肘對頂，甲方連動向下按壓乙方右手，乙方隨動對頂手後向體前推插手，接著連動上抬右手臂，甲方隨動對頂，既而前推，如此反覆進行練習，目視手方。（圖62～65）

圖64　　　　　　　　　　圖65

（2）甲方左弓步、乙方左弓步面對面站立，乙方用左手搭扣在甲方左手背上，同時雙方另一手下卡插體側，乙方左手前推下壓，甲方隨動反頂，隨即乙方前插上抬手臂，甲方隨動反頂，如此反覆進行練習，目視手方。（圖66～69）

圖66

圖67

圖68

圖69

【要點與功效】搭手準確，推手順暢，蹬地拱背，轉腰發力，力達觸點，意氣力相合。此動作主要練習手臂力量、手的沾黏勁、樁功及周身靈敏度。每組20～50次，可進行2～6組練習。

二、拿功單人訓練

（一）握拳彈指練習

1. 下彈指練習

練習者雙腳開步站立，雙手臂自然下垂身體兩側，左右手握拳，拳心向內，然後雙拳打開，進行彈指練習，目視前方。（圖70、71）

圖70　　　　　　　　圖71

圖72　　　　　　　　圖73

2. 側彈指練習

　　練習者雙腳開步站立，雙手臂側展身體兩側，高與肩平，左右手握拳，拳心向上，然後雙拳打開，進行彈指練習，目視前方。（圖72、73）

圖74　　　　　　圖75　　　　　　　圖76

3. 上彈指練習

練習者雙腳開步站立，雙手臂上舉於頭兩側，左右手握拳，拳心向前，然後雙拳打開，進行彈指練習，目視前方。（圖74、75）

【要點與功效】握拳緊固，彈指快爆，意到、氣到、力到。此動作主要是練習手指的靈活性和雙手的抓握力。每組50次，可進行2～4組練習。

（二）指爪功練習

1. 搓指練習

練習者雙腳開步站立，雙手臂在體前環盤，用右手依次抓握左手各手指進行螺旋搓撚練習，且左手指與之對撚，左、右手互換練習內容，目視手方。（圖76）

圖77　　　　　　圖78　　　　　　圖79

2. 夾指練習

練習者雙腳開步站立，雙手臂在體前環盤，左右手分指相互交叉，然後依次對夾各手指節，反覆進行練習，目視指方。（圖77）

3. 頂指練習

練習者雙腳開步站立，雙手臂在體前環盤，左、右手指腹相對，進行靜力對頂練習，目視指方。（圖78）

4. 扳指練習

練習者雙腳開步站立，雙手臂在體前環盤，用右手依次反扳左手各手指，進行扳指練習，左、右手互換練習，目視指方。（圖79）

5. 抓爪練習

練習者雙腳開步站立，左、右手臂自然前伸，雙手十

| 圖80 | 圖81 | 圖82 |

指打開，然後屈指回扣，進行抓
爪練習，目視手方。（圖80、
81）

6. 扣爪練習

圖83

練習者雙腳開步站立，雙手
臂在體前環抱，左、右手指對扣
互拉，進行扣爪練習，目視手
方。（圖82）

7. 握爪練習

練習者雙腳開步站立，雙手臂在體前環抱，用右爪抓
握左拳進行握爪練習，可左、右手互換，目視手方。（圖
83）

8. 對爪練習

練習者雙腳開步站立，雙手臂在體前環抱，雙手變爪

圖84

圖85

正反相對進行靜力對爪練習，目視手方。（圖84）

【要點與功效】動作準確，用力適度，意到、氣到、力到。此組動作主要練習手指的點戳力、抓扣力等。靜力練習每組1～3分鐘，可進行2～4組。動力練習每組50次，可進行3～5組。

（三）馬步手功練習

1. 捏勾練習

練習者雙腿屈膝蹲變成馬步，雙手自然前伸於體前，雙臂與肩同寬，雙手捏變成勾手，勾尖向下，目視勾方。（圖85）

【要點與功效】馬步穩健，雙手勾手屈肘，指尖合攏，意到、氣到、力到。實練時，意想將固石捏碎，虛練時，意想所捏頭髮不能掉落即可。此動作為實練與虛練兩種方法，實練即為雙手勾手靜止極力捏攏五指；虛練即為雙手

圖86

圖87

靜止不用力，虛虛地捏攏五
指。虛練還有一個好方法，就
是左右手各虛捏一根頭髮進行
練習，其訓練效果頗好。此動
作主要是提高手指的抓捏力及
身體內氣的通透性。靜力練習
每組1～3分鐘，可進行2～6
組。動力練習每組50次，可
進行4～6組。

圖88

2. 空抓手練習

　　練習者雙腿屈膝蹲變成馬步，雙手臂屈肘抱拳於體兩
側，拳心向上，接著雙拳同時變掌由內向外弧形抓握成
拳，隨回收腰間，進行反覆練習，目視前方。（圖86～
88）

　　【要點與功效】馬步沉穩，雙拳、雙臂極力旋擰摟抓，

圖89

圖90

閉口合齒，意到、氣到、力到。此動作主要練習雙手抓握力和下盤樁功，每組100次，可練習2～4組。

（四）俯臥撐練習法

1. 垂直俯臥撐

練習者俯身用左、右手十指直臂支撐地面，雙臂寬與肩同，雙腳直膝併攏，腳掌觸地，同時身體平直，雙手屈臂、伸肘，進行整身上下俯撐練習，目視下方。（圖89、90）

2. 波浪俯臥撐

練習者俯身用左右手十指直臂支撐地面，同時左右腳分開，腳掌觸地，雙臂、雙腿寬與肩同，身體後挺，臀部上翹，接著雙手屈臂、伸肘，身體下俯由後向前穿起成波

圖91　　　　　　　　　　　　　圖92

圖93

浪式，頭部上抬，目視上方，然後身體還原，如此反覆練習。（圖91～93）

【要點與功效】分指撐地有力，身體上下或前後運動幅度明顯、連貫，動作協調一致，意到、氣到、力到。此動作主要練習手指的支撐力、雙臂力量及周身協調性等。初練時可雙手十指撐地，隨著練習時間的增長，功力增加，撐地手指可逐漸減少，直至雙手單指練習。每組10～20次，可進行8～10組練習。

（五）倒立功練習

練習者雙手撐地，肘、臂伸展，與肩同寬，左右腳依

次蹬地上擺，雙腳併攏靠貼於牆體上，身體成倒立姿勢，進行靜力練習，目視下方。（圖94）

【要點與功效】雙手推撐地有力，雙腿併攏，腳尖上頂，身體垂立，呼吸自然。此動作主要練習雙手臂及腰臂的力量和周身的平衡性。每組1～5分鐘，可進行3～5組練習。

圖94

（六）擰棒功練習

1. 左右對擰

練習者雙腳開步站立，將擒拿棒豎立於體前，左、右手分別抓握其上下兩端，肘關節自然彎曲，然後進行靜力左右對擰練習，目視棒方。（圖95）

2. 上下對擰

練習者雙腳開步站立，將擒拿棒橫置於體前，左、右手分別抓握其一端，雙手臂自然彎曲，然後進行靜力上下對擰練習，目視棒方。（圖96）

3. 正握棒翻擰

練習者雙腳開步站立，將擒拿棒橫置於體前，左右手分別抓握其一端，雙手臂自然前伸，手心向下成正握棒，然後雙手同時向上翻擰棒，成左手在上和右手在上兩種練習方法，隨之還原，進行反覆練習，目視手方。（圖97～99）

圖95　　　　　　圖96　　　　　　圖97

圖98　　　圖99　　　圖100　　　圖101

4. 反握棒翻擰

　　練習者雙腳開步站立，將擒拿棒橫置於體前，左右手分別抓握其一端，雙手臂自然前伸，手心向上成反握棒，然後雙手同時向下翻擰棒，成左手在下和右手在下兩種姿勢，隨之還原，進行反覆練習，目視手方。（圖100～102）

圖102

圖103　　　　　　　　圖104

【要點與功效】抓握棒牢固，對擰翻棒連貫、有力，意到、氣到、力到。練習時若無專用的擒拿棒，可先用類似光滑、結實、得手的木棒代替練習。此動作主要練習雙手抓握、旋擰之力，是巧拿增加功力的絕好方法。每次50次，可進行4～6組練習。

圖105

（七）手指勾桶練習

練習者雙腿屈膝蹲變成馬步，用右手食指屈指勾掛一個盛水的水桶於體前，同時左手臂外展，目視指方，進行靜力手指勾掛水桶練習，左右手、正反手應互換練習。（圖103～105）

【要點與功效】屈指勾手有力，勾桶平衡，練習時可

圖106 圖107

根據自己指力的大小，選用不同重量的水桶練習，同時應將一指、二指、三指勾桶練習方法交替進行。此動作主要練習指力和樁功，每組練習1～3分鐘，可進行3～5組練習。

（八）提捏鐵棍練習

1. 雙手捏單棍

練習者雙腳開步站立，寬與肩同，左、右手分別用拇指、食指和中指提捏鐵棍一端，雙臂與肩同高，進行靜力練習，目視前方。（圖106）

2. 單手捏雙棍

練習者雙腳開步站立，寬與肩同，用左手五指提捏雙鐵棍一端，進行靜力練習，同時右手屈肘回收腰間，目視前方。左右手可互換練習。（圖107）

3. 單手鎖雙棍

練習者雙腳自然站
立，寬與肩同，右手手指
橫鎖扣握雙鐵棍一端，進
行靜力練習，且左手側展
體側，目視前方。左右手
可互換練習。（圖108）

圖108

【要點與功效】扣鎖
棍時牢固有力，提棍與肩齊平，意到、氣到、力到。此動
作主要是練習手指的扣鎖力和耐力。每組提扣1～3分鐘，
每次進行4～6組練習。

（九）抓握彈力球練習

練習者雙腿蹲變成馬步，用左手持彈力球於體前進行
抓捏，同時右掌回收腰間，目視前方，左右手、正反手應
互換進行練習。（圖109、110）

圖109

圖110

【要點與功效】抓球有力連貫，意想將彈力球抓扁捏碎，彈力球大小以練習者抓握舒適、得力為宜。此動作主要練習雙手之抓握力和身體氣血之通透性。每組100次，可進行1～3組練習。

（十）雙手解繩結練習

練習者雙腿屈蹲成跪步，用左、右手依次解開一條繩上的多個繩結，進行指力練習，目視手方。（圖111）

圖111

【要點與功效】繩的長短、粗細自定，為增加解繩結的難度，可將繩浸水打結或計時進行解結。雙手解結，齊動一致，意到、氣到、力到。每次練習10～20分鐘。

（十一）指插沙盆練習

練習者雙腿屈膝蹲成馬步，雙掌回收腰間，掌心向上，上體稍前傾，然後用右、左平掌、立掌依次插擊體前的沙盆，進行反覆練習，目視手方。（圖112～115）

【要點與功效】馬步穩健，蹬地轉腰、送肩發力，力達指端，意到、氣到、力到。沙盆所用之沙應以乾淨的黃沙為宜，且

圖112

| 圖113 | 圖114 | 圖115 |

沙粒的大小適中。此動作主要是練習手指的戳擊力和樁功，每組50次，可進行4～6組。

（十二）指戳木板練習

練習者雙腿蹲變成馬步，雙手變拳回收腰間，拳心向上，然後雙拳變劍指，左、右劍指依次向體前懸掛的木板進行戳指練習，同時一手出擊，另一拳回收腰間，目視指方。（圖116、117）

【要點與功效】戳指準確，蹬地轉腰發力，力達指端，意到、氣到、力到。此動作主要練習劍指的點戳功夫和眼功、樁功。每組50次，可進行4～6組。

（十三）抓鐵球練習

練習者雙腿屈蹲成馬步，左、右手依次在體前交替習抓鐵球反覆練習，同時一手抓球，另一手側擺體側，以保持身體平衡，目視手方。（圖118、119）

圖116　　　　　　　　圖117

圖118　　　　　　　　圖119

【要點與功效】抓球準確、連貫，抓球時應在一手上提放球下落時另一手刁抓，蹬地轉腰出手，力達五指，意到、氣到、力到。鐵球的大小、輕重，練習者自定。每組50次，可進行4～6組。

（十四）千斤棒練習

練習者雙腳開步站立，雙手臂自然前伸體前，寬與肩同，左、右手各抓握千斤棒一端，然後雙手依次捲棒做升、降下懸重物之練習，目視前方。（圖120）

【要點與功效】捲把有力、連貫，身體直立，左右手臂不動，力達雙手，意到、氣到、力到。千斤棒製作應牢固，捲繩長度以懸掛重物不觸地為準，懸掛物的重量要因人而異，由輕至重。此動作主要練習雙手抓握力和雙臂的力量，每次練習20分鐘。

圖120

（十五）提鈴練習

1. 雙手靜力提抓

練習者雙腿屈蹲成馬步，雙手臂自然前伸體前，左、右手五指分別提捏啞鈴端頭，進行靜力練習，目視前方。（圖121）

2. 雙手前推後拉

練習者雙腿屈蹲成馬步，雙手臂屈肘回收於體前，同時左、右手各持抓啞鈴一端，然後雙手臂進行前推後拉練習，目視前方。（圖122、123）

圖121

圖122 　　　 圖123 　　　 圖124 　　　 圖125

3. 雙手上下提升

　　練習者雙腿屈蹲成馬步，雙手臂自然前伸於體前，左、右手各抓握啞鈴一端，進行上下提降練習，目視前方。（圖124、125）

4. 雙手左右平展

　　練習者雙腿屈蹲成馬步，雙手臂自然前伸於體前，左、右手各抓握啞鈴一端，與肩同寬、同高，接著同時向左、右進行側展開臂練習，目轉視左、右方。（圖126～128）

圖126

圖127　　　　　　　　　圖128

5. 雙手前後旋擰

　　練習者雙腿屈蹲成馬步，雙手臂自然下垂於身體兩側，左、右手各抓握啞鈴一端，進行左、右轉腰、旋臂練習，目視前方。（圖129、130）

　　【要點與功效】持鈴牢固，左、右手配合協調一致，蹬地轉腰發力，意到、氣到、力到。此動作主要練習手指抓握力、雙臂和軀幹的力量。靜力練習每組1～3分鐘，可進行3～5組練習。動力練習每組50次，可進行2～4組。

（十六）舉鈴練習

1. 雙手上舉練習

　　練習者雙腳開步站立，左、右手各持握一個組合啞鈴，雙手臂屈肘放於肩上，然後，雙手直臂向體上方舉起，進行反覆練習。（圖131、132）

129圖　　　　　圖130　　　　　圖131

圖132　　　圖133　　　　　圖134

2. 雙手側舉練習

練習者雙腳開步站立，左、右手各持握一個組合啞鈴，雙手臂自然下垂於身體兩側，然後，雙手直臂向體側方舉起，高與肩平，進行反覆練習。（圖133、134）

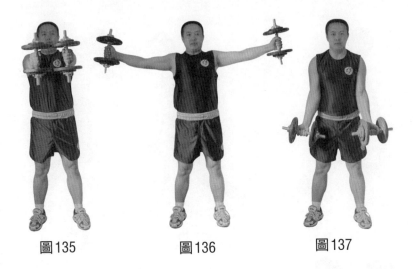

<table>
<tr><td>圖135</td><td>圖136</td><td>圖137</td></tr>
</table>

3. 雙手平舉練習

練習者雙腳開步站立，左、右手各持握一個組合啞鈴，雙手臂直肘前伸體前，雙手握啞鈴於胸前微觸，然後，雙手臂直肘同時向體左、右方開舉，高與肩平，進行反覆練習。（圖135、136）

4. 雙手彎舉練習

練習者雙腳開步站立，左、右手各持握一個組合啞鈴，雙手臂直肘放於體下方，然後，雙手臂屈肘向上彎舉，進行反覆練習。（圖137、138）

5. 雙手翻舉練習

練習者雙腳開步站立，左、右手各持握一個組合啞鈴，雙手臂直肘放於體兩側，然後，右、左手臂依次經胸部向右、左翻擰手臂平推舉鈴，高與肩位，進行反覆練

圖138 　　　　　圖139 　　　　　　　圖140

圖141　　　　　　　圖142

習。（圖139～142）

6. 雙手後舉練習

練習者雙腳開步站立，左、右手各持握一個組合啞

| 圖143 | 圖144 | 圖145 | 圖146 |

鈴，雙手臂屈肘放於體後方，然後，左、右手臂同時向頭上方拉舉，進行反覆練習。（圖143、144）

7. 雙手推舉練習

練習者雙腳開步站立，左、右手各持握一個組合啞鈴，雙手臂屈肘回放於胸前，然後，左、右手臂同時向體前方推舉，進行反覆練習。（圖145、146）

8. 雙手開舉練習

練習者雙腳前後開步站立，左、右手各持握一個組合啞鈴，雙手直臂放於身體兩側，然後，左、右手臂依次向體前、體後方交叉開舉，進行反覆練習。（圖147、148）

9. 雙手拋舉練習

練習者雙腳開步站立，左、右手分別抓握一個組合啞

圖147

圖148

圖149

圖150

圖151

鈴的兩端置於體下方，然後雙臂由下向上直臂拋舉至頭上
方，且上體稍後仰，隨之雙手持鈴回擺襠下，上體前俯，
進行反覆練習。（圖149～151）

圖152　　　　圖153　　　　　　圖154

10. 雙手擺舉練習

練習者雙腳開步站立，左、右手各持握一個組合啞鈴，雙手臂放於身體兩側，然後，左、右手直臂由下向上交叉環擺一周，進行反覆練習。（圖152～155）

【要點與功效】握鈴牢固，雙手齊動一致，意到、氣到、力到，此動作主要練習雙手抓

圖155

握力、臂力和上體力量等。啞鈴選擇應由輕至重，量力而行。每組20～30次，可進行3～6組練習。

第四章

散打基礎理論

第一節　散打概述

散打是按照一定的競賽規則，運用武術中的踢、打、摔等攻防技法進行徒手對抗的一種現代競技體育項目，是中國武術內容的重要組成部分。散打，又稱散手，俗稱「打擂臺」。

一、散打的起源與發展

在散打的發展過程中，經歷了相當長的歷史時期。散打在歷代有著不同的稱謂，如角力、相搏、手搏、卞、白打、拆手、拍張、相散手、技擊等。

1. 古代散打的歷史變遷

散打的起源，可以追溯到遠古時期我國先民的生產活動。在當時工具還不發達的情況下，人類為了生存，經常與野獸進行赤手空拳的搏鬥，並逐步形成了拳打、腳踢、躲閃、跳躍、摔跌等動作以「手格猛獸」。隨著私有制的出現和部落間戰爭的頻繁發生，人與人之間的格鬥技也得

到了發展，這可以說是最早的一種散打雛形。

商周時期，武術「徒手搏擊」已得到了進一步的發展。如《周禮・夏官・環人》中記載：「環人搏諜賊」。「搏」在這裏是拘捕的意思。《禮記・月令》記載「孟秋之月……禁止奸罪邪，務搏執。」這是西周奴隸主貴族為防止奴隸的反抗暴動，讓司法人員重視搏執的練習。又據西周金文史料記載：「夫有文無武，不足以威天下；有武無文，民畏不親；文武俱行，威德乃成。」此記載足以表現出當時所倡導的「文武皆備」之教育理念。

到了春秋戰國，「相搏」已較為普遍，在「相搏」攻防技術中，除擊法外，摔法、拿法也有發展。

如《公羊傳》中記載：「萬怒，搏閔公，絕其脰。」「絕其脰」就是擒拿中的鎖喉法。又如《荀子・議兵篇》記載：「若手臂之捍頭目，而覆胸腹也，詐而襲之與先驚而後擊之。」從中可以看出，此時已有了驚上取下、佯攻巧打的戰術運用。

秦漢時期，「相搏」叫「手搏」，比賽已比較正規。1975 年在湖北江陵縣鳳凰山出土的秦墓中發現了一個木箆，在其弧形背面就有彩繪的「手搏」比賽場面。畫面上有三個男子，均著短褲，腰間束帶，足登翹頭鞋。其中兩人正在進行「手搏」比賽，第三個人雙手前伸，作出裁判的姿勢；臺上掛有帷幕飄帶，表示比賽是在臺上的帷幕中進行的。整個畫面熱烈緊張，其形象栩栩如生，惟妙惟肖。《漢書・本紀》載：「元封三年春，作角抵戲，三百里內皆觀。」足見角抵在民間受喜愛的程度。

隋唐五代時，手搏、角抵備受重視，比賽幾乎形成了

制度。尤其是唐代武舉制的實行，更使得這個項目得到了發展。手搏、角抵在社會上開展得很普遍，上至帝王將相、下至庶民百姓都很喜歡這個項目。

隋唐五代時的手搏、角抵比賽已形成大體規則，不分體重級別，沒有護具，赤身短褲，多在方形的臺子上進行，雖犯規處罰不明顯，但獲勝者都要給予重獎。

兩宋時期，手搏在民間更為流行，每年都要舉行「擂臺爭跤」的比賽。儘管在當時這種擂臺爭跤還不是很成熟，但它已是中國古老的武術對抗競賽形式，而且我國較早記載角抵、手搏的武術專著《角力記》也是在這一時期問世的。

元代，民間武藝受到了較大的摧殘。統治階級為了維護其統治，嚴禁百姓練武，規定「民習角抵，槍棒罪」。連民間私藏武器也要治罪，那時人們多是冒著生命危險，以秘密家傳的方式在暗中傳承著武藝。

明代，手搏多稱為白打或打擂臺。這一時期是武技集大成的發展時期，民間的打擂臺比武之風盛行。賽前，先設擂主，由擂主安排好高手準備應戰。為避免糾紛，凡來較量高低的人，臨場立好「生死文書」，然後上「獻台」攻擂。擂臺兩側的楹聯為「拳打南山猛虎，腳踢北海蛟龍」，以渲染比賽氣氛。比賽由「佈署」主持，並規定「不許暗算」，先敗下臺的為輸。勝者可獲得銀盃、彩緞、馬匹等獎品。

到了清代，伴隨著農民運動及秘密結社組織，出現了不少練武的「社」「館」。尤其是「白蓮教」「義和團」「太平天國」等農民組織，對武技的發展和影響巨大。特

別是清代設立了專門挑選摔跤搏鬥高手練習的習武機構——「善撲營」，促進了搏鬥武技的成熟。

民國初年，習武開禁，拳技之風蓬勃一時，當時以霍元甲及其創辦的精武體育會最為著名，對武術的推動起了很大的作用。

1927年，南京成立了中央國術館，此後在國內相繼建立了國術館達300多個，一些軍隊和大學都開設了國術課，許多武術家受聘任教，並培養出了一大批武術人才。

1928年10月28日，中央國術館在南京舉辦第1屆國術國考，為期10天。國考對抗項目設有散手、短兵、長兵、摔跤等，比賽採取單敗淘汰制，三局兩勝，在長方形的場地上進行，打法不講流派，不以體重分級，臨時抽籤分組比賽，其規則是：不戴任何護具，凡用手、肘、腳、膝擊中對方任何部位得1點，擊中對方眼部、喉部、襠部為犯規，犯規3次取消比賽資格。嚴重者1次即取消資格。

1929年初，為展示當時武林界各門派的真功夫，由中央國術館副館長李景林倡導並發起第一次全國性的國術表演及比賽大會。在徵得武林界的一致贊同後，在杭州的浙江省國術館舉辦了「國術遊藝大會」，從12個省及4個特別市篩選出345人參加了大會，其中參加散手比賽的有125人，評判委員會26人，監察委員會37人。散手比賽分4組，參加比賽者均著大會統一的灰色布短裝，紮腰帶，分為紅白兩色，擂臺高1.3公尺，長20公尺，寬18.6公尺。比試雙方在擂臺中央畫定的粉圈上相對而立，等裁判長鳴第一聲笛後，雙方各上前行一鞠躬禮，再鳴笛即開始比賽。比賽期間，規則曾先後作了幾次變更，一次比一次簡

單。規則規定不準挖眼睛、掐扼喉嚨、打太陽穴和取陰部等。

1933年，中央國術館在南京舉辦了第二屆國術國考，比賽項目有男女短兵、男女散手、中國式摔跤、國際拳擊。散手以點到為止，沒有時間限制，凡用手或腳踢擊中對手任何部位得1點，有的參賽者只用腳尖踢中對手或用手指摸到對手頭髮也算得1點，故雙方均不敢輕易進攻，只是躲躲閃閃，蹦來跳去，被當時的報紙評論為「國術場成了鬥雞場」。

1933年，在南京舉辦的「全國運動大會」仍設有散手項目，比賽以性別分組，按體重分級，並用打棒球的護胸和踢足球的護腿作為護具，頭和襠部是禁區。擊中禁區者算做犯規，將對方擊倒勝一局，比賽採取三局兩勝制，沒有時間限制。隊員為了將對手打倒取勝，比賽近似於摔跤，一對選手比賽有的竟達1小時以上，被當時的報紙又評論為「國術場成了鬥牛場」。

2. 現代散打的發展

（1）散打在國內的發展

1949年新中國成立以後，武術套路被列為重點推廣項目，武術散打只在民間流傳。

1953年11月，在天津舉行的全國民族形式體育表演及競技大會上，散手被列為表演項目。

1955年，由於中國拳擊比賽出現了傷亡事件，對於易發生損傷的對抗項目不被國家所提倡，故散打研究終止，散打的發展陷入了低谷。

1966年至1976年，「文化大革命」使新中國的武術發展進一步走向畸形，武術被規定絕不準論技擊，此時的散打處於一種枯竭的狀態。

1978年，黨的十一屆三中全會以後，隨著改革開放政策的落實，體育界也迎來了「百花齊放，百家爭鳴」的喜人局面，武術又開始在全國各地蓬勃發展起來。

1979年3月，隨著全國武術熱的興起，原國家體委決定在浙江省體委、北京體育學院、武漢體育學院3個單位進行武術散手項目試點。

1979年5月，在廣西南寧舉行的全國武術觀摩交流大會上，由浙江省體委、北京體育學院、武漢體育學院3個單位進行了散手彙報表演。

1979年10月，在第四屆全運會上，原國家體委調浙江省和北京體育學院散手代表隊赴石家莊賽區，與河北省體委選拔組成的散手隊進行公開表演。這時的散手比賽不設擂臺，只在地上畫一直徑為6公尺的圓圈，出圈即為出界，相當於現在的下擂臺。

1980年10月，原國家體委調集試點單位的有關人員開始擬定《武術散手的競賽規則》（徵求意見稿），後經修改，於1982年制定了《武術散手競賽規則》（初稿），並按此規則在北京體育館舉行了全國武術散手邀請賽。自此，散手按照「積極、慎重、穩妥」的精神發展，同時每年舉行一次「全國武術對抗性項目（散手）表演賽」。

1983年至1987年，先後在南昌、濰坊、太原、哈爾濱等地舉行了武術散手的表演賽。

1988年9月，在甘肅省蘭州市舉行的全國散手比賽

中，首次進行設台比賽，台高60公分，長8公尺，寬8公尺，中心有一個醒目的太極圖案，突出了武術的民族特點與風格。從此，散手以擂臺的形式進行比賽被確定下來。

1989年4月，首屆全國散手教練員培訓班在北京舉行，來自全國各省、市的教練員59人參加了培訓。同年10月，在江西省宜春市舉行了第一次武術散手正式比賽，即全國武術散手擂臺賽。這次比賽正式採用了《武術散手競賽規則》，並且散手被正式批准為競賽項目，這是武術散手發展史上的一個轉折點，標誌著武術散手進入了一個新的階段。

1990年，為了鼓勵散手運動員勤學苦練，迅速提高運動技術水平，原國家體委正式頒佈了《武術散手運動員技術等級標準》。

1991年，全國武術散手比賽分為上半年舉行的全國武術散手錦標賽（團體賽）和下半年舉行的全國武術散手錦標賽（個人賽）。從這一年起，產生了新的競賽體制。

1993年8月，第七屆全國運動會在四川成都舉行。散手首次成為全運會比賽項目，並設男子團體1枚金牌。

1994年8月，原國家體委武術研究院、中國武術協會主辦的「94中華武術散手擂臺爭霸賽」在廣州市擺擂決戰，誕生了中華人民共和國成立以來的第一位「武狀元」陳超。從此，開始了武術散手商業性比賽的探索。

1997年，第八屆全國運動會武術比賽在上海舉行。原國家體委對此次全運會競賽項目進行了調整，武術是此次全國運動會唯一被保留的非奧運會項目，共設金牌15塊，其中散手項目由七運會的1枚金牌升為3枚金牌。

1999 年，為使武術散手進一步規範化，突出民族特色，經國家體育總局武術管理中心決定，將散手正式更名為「散打」。同年，在北京體育大學舉行的全國武術散打錦標賽中，正式脫掉了護頭、護胸、護腿、護腳背等護具，只保留了護襠、護齒和拳套，這是武術散打史上從全式護具到點式護具的一次重大改革。

　　2000 年，經過充分的醞釀，由中國武術協會主辦、北京國武體育交流有限責任公司承辦的中國武術散打王爭霸賽在北京正式開賽，這是中國散打進行的迄今為止最有力度的職業化改革，歷時 3 年，是賽期最長、影響力最廣的賽事，逐漸形成了一個品牌賽事。

　　2001 年 8 月，第九屆全運會在廣東南海市舉行，武術散打的金牌增設到 6 枚。

　　2002 年 6 月，全國武術散打錦標賽在大連舉行。來自全國 40 個單位的 38 支男隊和 24 支女隊近 600 名選手參加了比賽，這次比賽首次增設了女子項目，使武術散打項目在設置上更加完善。

　　2003 年 9 月，全國武術散打冠軍賽（男子賽區）在河南鄭州舉行，共有 42 個代表隊的 468 名運動員參加了這次比賽，這是有史以來參賽隊伍和參賽人數最多的一次，經過兩天的激烈爭奪，11 個級別的冠軍各歸其主。因比賽的激烈性和觀賞性很高，比賽門票價格高達百元。

　　2004 年 5 月，在福建省體育中心舉行的全國男子武術散打錦標賽（團體）中，首次採用了新規則，即 2004 年版的《武術散打競賽規則》，增加了比賽的激烈程度，提高了裁判的可操作性。競技散打呈現出了群雄爭霸的局面。

2004年5月，在上海舉行了全國女子散打錦標賽。經過為期4天的激烈比賽，6個級別的冠軍都名花有主，其中上海隊榮獲團體第一名。

2004年12月，首屆中國武術散打俱樂部總決賽在福建泉州舉行，總獎金高達30萬元，無差別級冠軍楊曉靖獲2004年度中國武術散打俱樂部聯賽武狀元。

2004年12月，國家體育總局武術運動管理中心推出了又一全新賽事，即全國武術散打南北明星對抗賽在安徽合肥舉行。這次比賽是中國武術散打界近期最具規模的頂極賽事，也是2004年度的壓軸賀歲大賽。

2005年4月28日至30日，第十屆全運會女子武術散打預賽在河南省鄭州市舉行。

2005年5月11日至15日，第十屆全運會男子散打預賽在陝西省西安市舉行。

2005年10月19日至22日，第十屆全運會武術散打決賽，在江蘇省連雲港市淮海工學院體育館舉行。共有來自全國各省、市、自治區、解放軍以及行業體協的35支代表隊132名選手參加。經過4天一百多場廝殺，共決出男子六枚金牌和女子一枚團體金牌。其中，江蘇、四川、安徽、河南四支代表隊各得一枚金牌，浙江獨得兩枚，此外，本屆全運會首次引入了女子散打項目，並設一塊團體金牌。最終河南女隊藝壓群芳，摘得女子散打52公斤級、60公斤級、70公斤級小團體桂冠。

2005年12月2日至4日，第二屆中國武術散打俱樂部聯賽在北京開戰，全國34個俱樂部的190名選手參加了比賽。本次比賽分為資格賽、擂主冠軍賽、武狀元爭霸賽3

個部分。本次比賽共分男子60公斤、65公斤、70公斤、75公斤、80公斤、85公斤、85公斤以上及女子60公斤級等8個級別，最終決出2005年度的中國武術散打「武狀元」。

2006年5月18日，全國武術散打錦標賽在江西南昌大學體育館拉開戰幕，比賽是由國家體育總局武術運動管理中心主辦，江西省體育局和南昌大學聯合承辦，南昌大學科技學院協辦。來自全國各地的48支代表隊共600多名武術散打優秀運動員齊聚南昌，此次比賽是中國武術最高級別和最高水平的全國性大賽，令人矚目。

2007年5月26至30日，「金牛蓋瑞杯」全國女子武術散打錦標賽在長春市體育館落下戰幕。來自全國各地的30餘支代表隊有近200名運動員，由國家體育總局武術運動管理中心主辦，吉林省體育局和吉林體育學院共同承辦，新疆金牛乳業集團協辦，比賽共設6個級別。經過一番爭奪，6枚金牌各有得主，分別是：48公斤級的吉林龔金蘭，52公斤級的吉林鄂美蝶，56公斤級的林業體協鄭倩倩，60公斤級的北京體育大學王貴賢，65公斤級的成都體育學院崔海霞，70公斤級的上海孫會。吉林代表隊榮獲團體第一名。

2007年6月22日至28日，由國家體育總局武術管理中心和山東省武術院聯合主辦的2007年全國男子武術散打錦標賽，在濟南皇亭體育館結束，11個單項級別的金牌各歸其主，安徽隊獲得團體總分第一名。本次比賽吸引了全國48支代表隊的300多名運動員參加，各級別成績前12名的選手將獲得本年度全國武術散打冠軍賽的參賽資格，並選

拔出代表我國參加「2008年北京武術比賽」的參賽選手。

2008年3月30日，「大比武2008──中國武術散打功夫王爭霸賽」開賽，由國家武術運動管理中心主辦，黑龍江電視臺承辦，黑龍江省體育競賽管理中心和哈爾濱少林武校協辦，是目前國內唯一由官方組織的頂級武術散打賽事。有來自北京、陝西、遼寧、黑龍江、北京體育大學等四十多個代表隊參賽。此次功夫王爭霸賽是國內最具權威、規模最大、歷時最長的武術散打賽事。各路散打高手將在70公斤級、80公斤級、90公斤級和90公斤級以上4個級別中，經過海選賽和擂主賽，決出4個級別的冠軍，優勝者可獲得巨額獎金。

2009年10月14日至17日，在山東菏澤舉辦了第十一屆「好當家杯」全運會散打比賽。在為期4天的比賽中，7枚金牌被山東、河南、福建、陝西、上海、安徽6省代表隊瓜分。此次比賽設項分為男子50公斤級、58公斤級、67.5公斤級、77.5公斤級、87.5公斤級和87.5公斤級以上及女子52公斤級、60公斤級和70公斤級。本屆全運會女子散打項目只設一枚團體金牌。這次比賽中選手的動作規範、打擊力度、速度都有明顯提高，比賽精彩紛呈，緊張激烈。比賽中，沒有出現反判現象，先後倒地、雙方下臺等小錯誤的出現也降到了歷屆全運會以來的最低水平，裁判業務水平明顯提高。

2010年4月2日至5日，「藍帶啤酒」2010中國武術散打功夫王爭霸賽第一階段賽事在山東菏澤拉開戰幕。這是由國家體育總局武術運動管理中心主辦，聖方傳動國際體育交流（北京）有限公司承辦，是中國目前頂級的武術

散打個人聯賽，也是中國最具權威、規模最大、水平最高、影響最廣、獎勵級別最高的武術搏擊類賽事，賽事分為初賽、擂主賽、功夫王爭霸賽3個階段，整個賽事貫穿全年。共分5個級別，分別是男子75公斤級、80公斤級、90公斤級、100公斤級和女子56公斤級，比賽除了拳套外不穿戴護具，打滿3局，每局3分鐘，實行單敗淘汰制。該賽事是在全球唯一授權的頂級武術散打個人聯賽，同時也是最具觀賞性、競技性、對抗性的大型武術散打商業賽事。

2010年8月4日至8日，「西鳳酒杯全國武術散打冠軍賽」在陝西省寶雞市開賽。來自全國各省、自治區、直轄市、行業體協、體育院校的45支代表隊，參加選手共210名，其中男選手130名、女選手80名。這些參賽選手都是上半年全國武術散打錦標賽中各個級別前12名的散打高手。本次比賽設男子11、女子7共18個級別。本次冠軍賽同時還是廣州第十六屆亞運會的選拔賽。比賽由國家體育總局武術運動管理中心主辦，陝西省體育局和寶雞市人民政府承辦，陝西武術運動管理中心和寶雞市體育局協辦，同時本次比賽得到了陝西西鳳酒集團股份有限公司的大力贊助。

2010年8月27日，中國武術散打超級聯賽（CKA）在陝西渭南的華山之巔拉開戰幕。CKA聯賽是我國第一個大規模的武術散打聯賽，去年，該聯賽共有6支隊伍參加，今年的CKA聯賽又增加了國內武術運動開展比較好的福建和浙江兩個省份。參賽隊伍分別來自北京、廣東、河南、山東、安徽、浙江、江蘇、福建。除了隊伍擴充外，今年

的賽制也進行了改革，去年的比賽採取的是循環積分賽制，今年賽制將變為南北地區對抗的形式，選手依體重分為65公斤、70公斤、75公斤、80公斤、85公斤5個級別，採用團體之間的單循環淘汰賽制，最終決出總冠軍。總決賽由南方冠軍對陣北方冠軍，全年賽事16場，場次比去年大幅縮減。

CKA中國武術散打超級聯賽是由國家體育總局武術運動管理中心和中國武術協會主辦，中國武術散打超級聯賽組委會、北京東方武聯體育文化有限公司組織承辦的國家級體育賽事。

為使新賽事在視覺效果上有一個質的飛躍，進一步營造主場氣氛，吸引社會的關注和觀眾的參與，承辦方專門推出CKA聯賽賽場包裝計畫，除了賽事必備的燈光、音樂、美術效果外，更加注重文化內涵及時尚色彩，突出中華武學的獨特魅力，力爭使新賽季以更新的面貌展現在公眾面前，使更多人關注、重視、喜愛中國武術散打運動。

2010年10月12日，在廣東肇慶隆重進行了「藍帶啤酒」2010中國武術散打功夫王爭霸賽，經過4月份和9月份兩個階段的角逐，已產生4個級別的冠軍：陝西的冷鑫（75公斤級）、青海的付高峰（80公斤級）、北京的黃磊（90公斤級）和廣東的王強（100公斤級）。最終，黃磊獲得本年度中國武術散打功夫王爭霸賽最高榮譽的「王中王」稱號和百萬元巨獎，此次也是他第二次成功衛冕。

（2）散打在國際的發展

1984年10月，根據原國家體委「把武術積極穩步推向世界」的方針，從1985年開始，在國際武術聯合會籌備委

213

員會推動下，先後成立了歐洲武術協會、南美洲武術功夫聯合會、非洲功夫聯合會及亞洲武術聯合會等世界武術組織，這為武術在世界的進一步發展奠定了堅實的基礎。

1988年，中國武術研究院與中國武術協會在深圳舉行了國際武術節，並首次舉行了國際武術散手擂臺賽，來自15個國家和地區的近60名選手參加了比賽，結果中國隊以5人參賽獲得了7個級別中的5個冠軍，同時首次向世界展示了中國武術散打的風貌。

1990年10月3日，國際武術聯合會在北京正式成立（IWUF），標誌著武術的發展進入了一個新時期。

1991年10月，在北京舉行了第一屆世界武術錦標賽，共有40個國家和地區的500餘名運動員參加了比賽，散手被列為表演項目。

1993年10月，在馬來西亞首都吉隆坡舉行了第二屆世界武術錦標賽，53個國家和地區的600多名運動員參加了比賽，散手第一次被列入世錦賽正式比賽項目。

1995年、1997年、1999年、2001年、2003年分別在美國巴爾迪摩、義大利羅馬、中國香港、亞美尼亞埃里溫和中國澳門舉行了第三屆至第七屆世界武術錦標賽，並在第七屆世錦賽中增設了女子散打項目。

1996年，在菲律賓舉行的第四屆亞洲武術錦標賽上，散打被列為正式比賽項目。

1998年，在泰國曼谷舉行的第十三屆亞運會上，散打又被列為正式比賽項目，並設5枚金牌。

1999年12月，中國功夫對美國職業拳擊爭霸賽在美國猶他市舉行，中國功夫以7比2戰勝對手。這是散打首次

在國外進行的商業比賽，在國際上產生了強烈的反響。

2000年中國功夫和美國職業拳擊爭霸賽在中國廣州天河體育館舉行。中國功夫與美國職業拳擊再度交鋒，中國功夫以6比3再度獲勝。

2001年9月，首次中泰搏擊對抗賽在廣州舉行，中國散打以5比2取得了勝利，終結了泰拳500年不敗的神話歷史。

2001年12月，在泰國舉行的中泰搏擊對抗賽展開了兩番大戰，結果中國散打以1比4敗給泰拳。

2001年12月，中國武術散打對法國自由搏擊爭霸賽在陝西西安舉行，中國散打以6比1獲得了勝利。

2002年2月，國際武聯在國際奧委會第113次全會上得到正式承認，武術同時成為國際奧委會承認的項目。

2002年7月，第一屆世界盃武術散打比賽在中國上海舉行，來自16個國家和地區的44名散打高手爭奪11個級別的冠軍，中國隊以8人參賽、最後奪取6枚金牌的佳績名列榜首。

2002年9月，在中國廣州舉行的第三屆「藍帶杯」中泰搏擊對抗賽中，中方再度以6比1取得了勝利。

2003年8月，第四屆中國功夫對泰國職業泰拳爭霸賽在泰國舉行，結果中國隊以3比2獲勝，其中，中國隊員寶力高成為中國功夫與泰拳對抗中，第一個將對手技術性擊倒的選手。

2003年12月，在北京工人體育館舉行了世界散打爭霸賽，是由世界自由搏擊冠軍代表隊和中國散打王代表隊上演的一場激情四射的世紀豪決。中國隊以4比0完勝對

手，首次將國際自由搏擊聯合會（IKF）的金腰帶留在了中國，留在了北京。

2004年11月，第二屆世界盃武術散打比賽在中國廣州舉行。來自19個國家和地區的68名散打高手爭奪17個級別的冠軍，並首次增設了女子項目。中國隊共派11人參賽，最終奪得了10枚金牌。

2005年，國際武聯會員達到了106個，並起草擬定《國際武聯職委會工作條例》和《國際武聯財物管理辦法》。

2005年12月10日至14日，在越南首都河內的群馬體育館舉行第八屆世界武術錦標賽，來自64個國家和地區的近千名運動員參加了比賽，本次比賽共設有武術套路（男、女）22個項目和散打（男、女）18個級別的比賽，中國武術散打代表團共參加男子散打6個級別和女子4個級別的比賽，且獲得了團體第一名的好成績。

2006年5月13至16日，由亞洲武術聯合會主辦、中國澳門武術總會承辦的第七屆亞洲武術錦標賽在澳門塔石體育館舉行，來自22個國家和地區的230多名運動員參加角逐。此次賽事的套路比賽包括22個項目，散打比賽男女共12個級別，中國運動員參加了套路比賽中的12個項目和全部散打比賽。

2006年12月14日，第十五屆多哈亞運會武術散打比賽決出5枚金牌。中國隊參賽的4位選手，李騰56公斤級，馬超60公斤級，趙光勇65公斤級，徐延飛70公斤級全部獲勝奪冠。亞運會的武術比賽分設套路項目：男女子長拳全能（包括長拳、刀術和棍術）、太極拳全能（太極

拳和太極劍）、南拳全能（南拳、南刀、南棍），散打項目：48公斤級、52公斤級、56公斤級、60公斤級、65公斤級和70公斤級6個級別的比賽，中國隊參加了除48、52兩個級別以外的其他4個級別的散打比賽。

2007年11月11日，第九屆世界武術錦標賽，在北京國家奧林匹克體育中心體育館隆重開幕，來自世界各地89個國家和地區的1500名運動員、教練員、裁判員及官員參加了此次盛會。比賽是由國際武術聯合會主辦、中國武術協會承辦，比賽共設武術套路22個，散手18個級別的40個競賽項目。

中國隊共派出19名國內頂級武術高手，其中武術套路9人（男4名、女5名），武術散手10人（男6名、女4名），參加當今武術界最高級別的賽事。最終中國隊以18枚金牌數高居獎牌榜首位，再一次彰顯了武林霸主的地位。

2008年8月21至24日，經國際奧委會批准，由北京奧組委、國際武術聯合會主辦，中國武術協會承辦的「北京2008武術比賽」在北京奧林匹克體育中心體育館舉行。比賽共設15個項目，套路10枚金牌、散手5枚金牌，有來自世界五大洲43個國家和地區的128名男女運動員參加比賽。

中國武術男子套路運動員袁曉超、趙慶建、吳雅楠，女子套路運動員馬靈娟、林凡、崔文娟，男子散打運動員張帥可，女子散打運動員秦力子，分別參加了男子長拳、男子刀術棍術全能、男子太極拳太極劍全能、女子槍術劍術全能、女子南拳南刀全能、女子太極拳太極劍全能、男

子散手56公斤級、女子散手52公斤級8個項目的比賽。最終中國隊獲8金，以絕對優勢列金牌榜首位，俄羅斯和中國香港隊分別以2金3銀和2金1銀1銅分列第二、三位。

2009年10月24日至29日，在加拿大多倫多舉行第十屆世界武術錦標賽，中國武術隊10名散打選手參加了10個項目的比賽，共獲得了8枚金牌。在散打比賽中，女子52公斤級、56公斤級、60公斤級、70公斤級項目均獲金牌。男子52公斤級、56公斤級、60公斤級和90公斤級以上也分別奪冠。此次比賽，中國隊遭遇了多年來難得一見的挑戰，最大的壓力來自於伊朗、埃及和俄羅斯的選手，他們共斬獲了6枚金牌。他們強勁的實力已經撼動了中國散打隊長期以來的霸主地位，究其原因，一是多年的苦修使他們在技術上日趨成熟，二是國外選手體能優勢明顯，更適合散打項目，三是中國頂級的散打教練援外傳藝，形成與中國選手的對抗是水到渠成的事情。正如中國領隊所言，中國散打選手日後會遭到國外選手更大的挑戰。

2010年8月29日，北京首屆世界武搏運動會武術散打比賽在奧體中心體育館落幕，此次散打比賽共設5個級別，中國運動員參加了其中4個級別的比賽，經過頑強的拼搏，鄂美蝶獲得了女子52公斤級金牌、王貴賢獲得了女子60公斤級金牌、李海明獲得了男子56公斤級金牌、許佳恒獲得了男子85公斤級金牌，圓滿完成了本次比賽任務，充分展示了中國運動員的精湛技藝和良好的精神風貌，再一次證明了中國散打隊雄厚的實力。

2010年11月13至17日，第十六屆廣州亞運會武術比賽在南沙體育館進行，共產生了15枚金牌。中國隊派出10

人參加10個項目的爭奪。其中，5人參加套路項目的比賽，5人參加散打項目的比賽，最終獲得9金1銅。

在參賽的32個國家和地區中，有17個斬獲亞運會武術獎牌。儘管中國武術的「江湖老大」地位仍未撼動，但可以看到，武術在亞洲各地都獲得了不俗的推廣和發展。特別是在男子75公斤級散打半決賽中，中國運動員姜春鵬輸給伊朗國手，最後的金牌旁落他人。這也是廣州亞運會上唯一的有中國武術選手參加卻未獲金牌的項目。雖然姜春鵬意外失手，但男子56公斤級的李新杰、65公斤級的張軍勇和70公斤級的張勇都將金牌收入囊中。本屆亞運會，還首次將女子散打作為正式比賽項目，中國女將鄂美蝶贏得了亞運歷史上首枚女子散打的金牌。

本屆亞運會，中國武協原本可以報名13個項目的爭奪，但為了鼓勵其他國家的運動員參賽，中國隊最終只參加了15個項目中的10個。放棄部分項目的爭奪，儘管會讓中國隊在金牌總數上有所缺失，但從武術項目長遠的發展來看，卻是非常值得的。與柔道、跆拳道等運動相比，武術在世界範圍的推廣和發揚還遠遠不夠。武術走向奧運，任重而道遠。

中國武術管理中心主任高小軍認為，武術的發展一定要建立在為人類提供健康、快樂生活方式的基礎上，要融入生活。因為武術不僅是一項運動，更要給人的精神、文化、修養等各方面帶來好處。因此，武術不能將進奧運會作為唯一的目標，只要透過大力的宣傳和推廣，當世界充分瞭解了武術的魅力和益處時，進奧運便是水到渠成的事。

2010 年 12 月 18 日，由國家體育總局武術運動管理中心和世界泰拳聯盟主辦，順德區文體旅遊局等單位承辦了 2010 年中國武術散打對職業泰拳爭霸賽，最終中方以 3：2 險勝泰方。

此次，比賽規則是雙方經過溝通後確定的，較以往更趨於公平合理，然而一場比賽，兩名中方選手被擊倒，中國隊總教練劉海科多少有點出乎預料，賽後，拋出了回去要好好研究泰拳戰術的感言！

2010 年 12 月 16 日至 18 日，為期 3 天的第五屆武術散打世界盃比賽在中國重慶渝北區體育館落下帷幕。比賽由國際武術聯合會、國家體育總局武術運動管理中心和中國武術協會主辦，重慶體育局和重慶市渝北區人民政府共同承辦。來自中國、俄羅斯、伊朗、巴西、菲律賓、中國澳門等 21 個國家和地區的 63 名男女武林高手參加了角逐。本屆比賽共設女子 7 個級別和男子 11 個級別，中國隊 10 人出戰共有 9 人斬獲參賽項目的金牌，金牌總數位居金牌榜第一。中國隊總教練于萬嶺對中國選手的表現表示滿意，但也指出，國外選手水平上升很快，特別是伊朗、埃及、越南等國家的選手，已經對中國選手構成了威脅。世界盃武術散打比賽是世界範圍內水平最高、規格最高的武術散打單項世界盃賽。

目前，武術在國際上的發展勢頭喜人，國際武聯會員國已達到 141 個。

二、散打的特點與作用

1. 散打的特點

（1）崇尚武德

古語云「文以評心，武以觀德」，拳語云「未習藝，先修德」，這些都強調了習武之人要講究武德。那何為武德呢？簡單地講，武德就是習武之人應具備的道德。古代武德講究仁、義、禮、智、信、勇；而現代武德則講究樹立理想、為國爭光、遵紀守法、寬厚謙讓、誠實守信、見義勇為、遵師愛生、文明有禮等內容，散打隊員無論在日常生活還是訓練比賽中，都要體現出良好的武德風尚。從現行的散打規則看，有許多武德行為規範內容，如互行抱拳禮、遵守規則、尊重和服從裁判，不准攻擊後腦、襠部等，同時，提倡比賽鬥技，不可喪德、失志，不許暗算和故意傷害對手的武德精神。

（2）對抗激烈

散打比賽雙方隊員拳來腳往，遒勁有力，快速多變，摔跌交織，攻守互動，瞬間轉換，始終處在制約與反制約、限制與反限制的激烈對抗中。

（3）技法獨特

散打技法豐富，其中既有手法、腿法，又有摔法，並在實戰中講究「遠踢近打貼身摔」，特別是「貼身快摔」，堪稱是民族特色技藝。「接腿快摔」「破拳快摔」更是精妙絕倫，體現出技法整體的綜合性、多變的隨機性和實用的優越性。

（4）智勇雙鬥

智勇雙鬥既是散打的核心特點，又是參賽隊員必備的素質。正所謂「兩強相鬥，智者勝。」智者可達到智謀百生、逢強智取、遇弱活擒的境界，揚己之長，克彼之短，最終獲得勝利。散打隊員要具備勇者無敵、捨我其誰的大無畏精神，展現出永不言敗的武者風采。

（5）兼蓄文化

散打既是中華武術之精粹，又是傳統文化的載體之一。中國傳統文化中的哲學、醫學、美學、兵學、養生學、民俗學等眾多內容，都對武術散打產生了不同程度的影響，同時也起到了至關重要的作用。比如，散打比賽採用了中國傳統的擂臺方式進行比賽，三局兩勝制就是沿襲了中國古代民間打擂的風俗習慣；運用漢語作為裁判規則用語等。習武目的絕非是為了逞強鬥狠，而是追求「內外兼修，天人合一」。

2.散打的作用

（1）強身健體

身體健康是人的基礎，沒有健康就無從談起學習、工作乃至事業。散打是一種全身上下、內外兼修的運動，透過科學地練習，可以增強人體各大系統組織功能，提高人體速度、力量、靈敏、耐力、柔韌等素質，同時練習者還能獲得健美的身材，給人以健康、強壯的美感。

（2）防身自衛

因散打具有的特質——技擊性，無論是攻擊能力還是防禦能力都是其他運動項目無法比擬的。當自身合法權益

及生命財產受到不法歹徒或犯罪分子侵害時，運用散打進行防身自衛，便會遊刃有餘，盡顯英雄本色。

（3）歷練品質

如練功要克服身體疼痛關，練實戰要克服心理恐懼、軟弱關，面對強手要克服畏懼、放棄關。透過學練散打，可以培養出果敢自信、敢於直面失敗與挫折、頑強拼搏、積極進取的優秀品質。

（4）娛樂生活

散打有很強的娛樂性，包括自娛和他娛。當自身投入了散打運動，做出各類極具美感的招式，或在擂臺戰勝對手時，其內心會充滿無限快意和興奮感。而散打比賽展示在大眾面前，也極大地豐富了人民群眾的生活。

（5）開啟智慧

散打蘊藏著精深的技理和絕妙的技法，其中包含著各門學科的知識，如訓練學、運動醫學、力學、心理學、營養學等。透過學練散打，可逐步悟化其中的含義，對開啟心智非常有益。

（6）求職就業

如今，散打發展異常火爆，國內外對散打人才的需求日益增多。透過練習散打而求職就業已成為當今的一大亮點。有的成為當紅的武打明星，有的進入了各個運動隊任專業隊員，還有許多學練者先後在各大武術館校及國外武術機構任教等，大大拓寬了就業渠道。

（7）調整心態

身處當今社會，來自工作、生活、學習等方面的壓力很大，很多人都處於亞健康狀態，經常被憂愁、焦慮、苦

悶、悲傷等情緒所困擾。實踐證明，練習散打可以調節人們的不良心態，增加自信心，樹立良好的人生觀。

（8）增進友誼

散打源於中國，屬於世界。透過以武會友和比賽交流，可共同提高和發展散打運動，使更多的外國人瞭解中國散打，瞭解中國文化，以增進友誼，促進國際間的文化交流。

第二節　訓練方法種類

散打訓練方法是指訓練過程中為了完成技戰術及身體素質等方面的訓練任務，提高競技成績而採用的途徑和方法。

散打訓練方法是廣大教練員和運動員必須熟知和掌握的內容，在訓練中若訓練方法得當，會產生事半功倍的訓練效果，否則只會適得其反。散打運動經過數十年不斷的發展與完善，已取得了令世人仰慕的成績，其中訓練方法也突顯出了其科學性、合理性。

常用的訓練方法有以下幾種：

一、完整訓練方法

完整訓練方法是指訓練從開始到結束完整的、不分部分和環節進行練習的方法。這種方法利於運動員完整理解和掌握練習內容的結構，多用於簡單技術動作的練習，如拳法、步法、腿法或不能分解的較為複雜的動作，若分解容易破壞其技術結構。

二、分解訓練方法

分解訓練方法是指將完整的訓練內容合理地分成若干個環節或部分，然後再按環節或部分分別進行訓練的方法。分解訓練方法適用於較為複雜的練習內容，如拳腿組合、防守反擊及接腿摔技等動作。

分解訓練方法利於運動員對動作細節處的掌握和對完整技術結構的深刻理解，並且能夠提高訓練效果，但有一點必須注意，即當分解動作掌握後應盡快過渡到完整動作訓練上，以免破壞整個動作的連貫性和節奏。

三、重複訓練方法

重複訓練方法是指在不改變動作結構和運動負荷的情況下，按照既定的要求反覆地進行練習，每次（組）練習之間有充足的休息時間的訓練方法。休息有積極休息和消極休息兩種，一般以積極休息為主，如進行身體肌肉按摩和慢速步走等。

重複訓練方法是散打最為常用的訓練方法之一，它能夠提高和鞏固技戰術能力，發展速度、力量和耐力等身體素質，同時又分短時、中時和長時3種重複訓練方法。

1. 短時重複訓練法

短時重複訓練法能夠提高練習者高能磷化物儲能和供能能力，突出爆發力和速度，負荷時間為6～10秒，如10秒短跑、10秒打沙袋和10秒打靶。

2. 中時重複訓練法

中時重複訓練法常用於發展速度耐力、力量耐力及組合動作練習，能最大限度地提高機體的抗乳酸能力，負荷時間為30秒～3分鐘，如拳腿組合擊打沙包、摔沙人、400公尺和800公尺計時跑等。

3. 長時重複訓練法

長時重複訓練法主要發展有氧和無氧混合代謝能力，提高抗疲勞能力，這種方法能使訓練者消耗大量的體力，所以十分利於培養其意志品質。負荷時間為3～6分鐘，如對摔訓練、連環步法訓練和組合訓練等。

切記休息時間一般為練習時間的2～3倍，若用心率來衡量，則應達到110次／分鐘以下再進行訓練。

四、間歇訓練方法

間歇訓練方法是指在一次（組）練習之後，嚴格控制間歇時間，在身體尚未完全恢復的情況下進行下一次（組）練習的方法。

間歇訓練法是散打訓練中最為常用的訓練方法，同時分強化性和發展性兩種間歇訓練方法。

1. 強化性間歇訓練法

強化性間歇訓練法重點發展機體高能磷化物和乳酸能混合供能能力，可以強化拳法、腿法、摔法及組合技實用性效果，提高出拳、出腿及連招動作的速度耐力和力量耐

力。

每次（組）練習負荷時間較短，一般在1分鐘之內，心率在180次／分鐘以上，間歇時間極不充分，等心率降至140次／分鐘時，即開始下一次（組）的練習。如1分鐘打沙包練習，進行4～6組，間歇時間為30秒。

2. 發展性間歇訓練法

發展性間歇訓練法重點發展機體有氧代謝供能能力，提高隊員在高強度下的對抗能力，每次練習時間較長，一般在4分鐘以上，心率在160次／分鐘左右，間歇時間不充分，等心率降至120次／分鐘以下時，開始下一次（組）練習，如5～6分鐘擊打移動靶練習，組間間歇時間為1分鐘等。

切記為發展速度和速度耐力應採用強度較大的強化性間歇訓練法，為發展力量耐力可採用重量輕、強度小的次數和組數較多的練習。

五、循環訓練方法

循環訓練方法是根據訓練的具體任務，建立若干個練習站（點），按照規定的順序和線路，依次完成每個站（點）的練習內容，循環往復地進行訓練的方法。這種方法能夠調動練習者的訓練欲望和積極性，更好地提高訓練效果，同時因每個站（點）練習內容不同，又可防止局部過度疲勞，多應用在訓練身體素質和技戰術方面。

循環訓練方法又分為重複循環訓練法、間歇循環訓練法和持續循環訓練法。

1. 重複循環訓練法

重複循環訓練法是按照重複訓練法的要求，在循環各站（點）和各組之間，在間歇充分的情況下，全力進行各站（點）或各組的循環訓練方法。

重點發展磷酸鹽系統供能和儲能的能力，即速度和速度力量，如 20 秒快速打手靶＋20 秒快速踢腳靶＋20 秒快速摔沙人＋20 秒臥力撐＋20 秒衝刺跑等，要注意各站（點）之間的休息時間要充分。

2. 間歇循環訓練法

間歇循環訓練法是指按照間歇訓練法的要求，對循環各站（點）和各組之間的間歇時間作出規定，使機體在尚未完全恢復的情況下進行下一站（點）的練習方法。

重點發展糖酵解代謝系統的功能及速度耐力和力量耐力等，提高在疲勞狀態下的高強度技戰術能力，如 30 秒擊打沙包＋30 秒快速摔沙人＋2 分鐘實戰對練＋30 秒腹背肌練習，間歇時間為 10～30 秒，循環數組。

3. 持續循環訓練法

持續循環訓練法是按照持續訓練方法的要求，各組和各站不安排間歇時間，用較長的時間進行連續訓練的方法。重點發展有氧代謝系統供能及一般耐力、專項耐力和力量耐力等，提高技術動作及戰術形式的演練。

如進行力量訓練時，可依次將上肢＋胸背＋腰腹＋下肢等部位肌群進行練習，循環數次。

六、變換訓練方法

變換訓練方法是指在練習過程中有目的的變化練習條件和環境、運動負荷和內容等進行練習的方法。這種方法可以避免訓練中的單調乏味感，提高訓練的興趣和積極性。變換訓練方法分負荷變換、內容變換和形式變換3種基本類型。

1. 負荷變換訓練法

負荷變換訓練法是指通過改變結構負荷的強度和訓練量兩個因素的搭配形式，從而達到訓練目的的一種重要的訓練方法。重點提高練習者承受比賽時不同負荷的能力，如20秒空擊、20秒擊打沙包，旨在提高技術實效性和動作擊打力，或將20秒變為30秒來提高耐力水平及疲勞狀態下技術的穩定性和協調性。

2. 內容變換訓練法

內容變換訓練法是指改變練習內容，以達到提高技戰術應用的一種練習方法。如對打沙包、打手靶、負重空擊等不同內容加以變換進行練習。

3. 形式變換訓練法

形式變換訓練法是散打訓練中廣泛採用的一種訓練方法，主要在訓練環境、訓練時間、訓練條件、訓練形式和訓練器械等方面進行變換。

這種方法對練習者會產生良好、新奇的刺激作用，能

夠調動訓練激情，提高訓練質量。如進行體能訓練可以到田徑場上進行；可以把白天訓練調整到晚上進行以適應晚場比賽的需求；練習跌、撲、滾、翻動作可先在海綿墊上進行，然後再到地毯上練習等。

七、遊戲訓練方法

遊戲訓練方法是指利用遊戲的趣味性和激烈性，採用遊戲的方式進行訓練的方法。這種方法能夠調動訓練情緒，調節氣氛，有利於延緩疲勞的產生，促進疲勞恢復。如雙方隊員戴拳套進行擊胸練習，看同一時間內誰的擊中率高，或在10秒內誰踢擊的側踹腿數量多等。

遊戲訓練方法常用在訓練課的開始和結束，以更好地提高熱身效果，促進疲勞恢復。

八、比賽訓練方法

比賽訓練方法是指應用比賽或接近比賽的形式進行訓練的方法。這種方法有助於提高體能、技能、戰術、心理及智能等各種專項競技能力，通常分為教學性、檢查性、模擬性和適應性4種形式。

1. 教學性比賽訓練法

教學性比賽訓練法是指根據散打規則讓本隊隊員之間或與其他隊隊員之間進行專項實戰的訓練方法，少則數周，多則每週一次。

2. 檢查性比賽訓練法

檢查性比賽訓練法是為了檢查某一階段的訓練效果，嚴格按照比賽規則進行實戰訓練的方法。此方法容易發現訓練中的不足，然後進行分析和改進。

3. 模擬性比賽訓練法

模擬性比賽訓練法是指透過模擬真實比賽條件和環境及對手，按照規則進行實戰訓練的方法。此方法可以提高隊員的心理承受力、訓練實戰性和對比賽的預見性。

4. 適應性比賽訓練法

適應性比賽訓練法是指在重大比賽之前，按照規則參加一些類似重大比賽的訓練方法，如邀請賽、對抗賽和表演賽等。

這對隊員非常重要，使隊員能夠將競技狀態調整到最佳，但切記運用此種方法的次數一定要適度，不能讓隊員出現疲勞和損傷等現象，以免影響重大的正式比賽。

第三節　直解散打戰術

贏得一場散打比賽的勝利，是散打隊員將技術、戰術、心理、智慧等能力正確融合所折射的一個結果，其中散打戰術最為重要。什麼是散打戰術呢？散打戰術是根據參賽雙方隊員的各種具體情況，為使自身特長充分發揮而戰勝對手所採取的計謀和行動。

早在明代《百戰奇略》中便有「用兵之道，以計為首」「不計而進，不謀而戰，必為敵敗」的記載，足見戰術思想形成之久遠。合理運用散打戰術能達到「制人而不制於人」之目的，下面筆者將從散打戰術設計原則、散打戰術常用種類和散打戰術能力提高三個方面直解其精要。

一、散打戰術設計原則

1. 知己知彼原則

我國軍事名著《孫子·謀攻》篇中載有「知己知彼，百戰不殆」的至理名言，對於散打運動一樣適用。要戰勝對手，首先要瞭解對手，否則制定的戰術便會失去針對性、實用性。瞭解對手底細，可透過資料錄影、個人專訪文稿、圈內人士點評以及對戰用試探性打法等手段，摸清對手是善用拳法、腿法，還是摔法，其主要得分手段是什麼，有哪些技術弱點，是主動進攻型，還是防守反擊型等，從而做出相應對制戰術，達到克敵制勝的目的。

例如，遇到耐力差的對手，就可以採用消耗其體力的戰術，我方連招不斷主動進攻，不給對手喘息的機會，使之體力不支而告負；對手實戰能力差、膽小、意志薄弱，我方可利用重拳、重腿、重創戰術制取對手。

2. 攻守兼備原則

一味求攻，一味死守，都是散打戰術所不提倡的，因為只有進攻會遭到對手有力的反擊，只有防守則不能得分戰勝對手。正如拳語所講「攻中有守，不丟手，守中有

攻，人難走。」所以隊員只有做到攻中有守，守中有攻，攻守兼備，才能在激烈的對戰中臨危不懼，抓住時機戰勝對手。

例如，面對強手應加強防守，在防守中待機進攻，以防守反擊為主；面對弱的對手要積極進攻，做到攻中有防，以進攻為主；而當面對實力旗鼓相當的對手，則應進攻有序，防守穩妥，做到攻守兼顧。

3. 靈活多變原則

戰術實施依賴於技術，每一種技術都有自身長、短處，不可以一味使用某一個動作，否則會被對手識破、化解甚至反擊得手，從而抓不住比賽的主控權。同理，固定單一的戰術，也很容易讓對手摸到規律而自己陷入被動挨打的局面。因此在設計戰術時，需要多儲備幾套戰術，以期在賽場上根據不同對手隨機應變，最大限度地獲取場上的主控權。

總之，要充分利用散打競賽規則為運動員提供寬泛的戰術空間，以凸顯戰術的實效性，力戒華而不實。

二、散打戰術常用種類

1. 直攻戰術

直攻戰術是指在沒有附加動作掩護下直接發招進攻的戰術。

【應用須知】在對手實戰水平低於自己、防守破綻盡露、體力不佳、心理承受力差等情況下，運用此種戰術效

果頗佳。

2. 強攻戰術

強攻戰術是指強行突破對手防守而硬性進攻的戰術。

【應用須知】當自己膽力、功力、技術都明顯強於對手時，運用此戰術更能突出硬打硬踢無遮攔之特點，從而瞬間制勝對手。

3. 反擊戰術

反擊戰術是在對手出招攻擊我時，我進行防守後突施攻擊的戰術。

【應用須知】當對手進攻盲目、經驗不足、心態躁動時，我用此戰術，以靜制動，意在其先，反擊克勝對手。

4. 佯攻戰術

佯攻戰術是指用虛招、假動作給對手造成錯覺，趁其空當出現我再進行真打的戰術。

【應用須知】在對手水平較高、反應敏捷、防守能力較強的情形下，運用此戰術引上打下、指左打右、虛實互變以制勝對手，但要求佯攻、假動作做到逼真。

5. 迂迴戰術

迂迴戰術是指利用步法、身法避化對手進攻，採用游離態而後尋找時機再進攻的戰術。

【應用須知】此戰術適用於雙方實力懸殊的情形，多用於小級別選手對付大級別，在迂迴遊鬥中尋找攻擊點打

擊對手，是以小勝大的良法。

6. 克長戰術

克長戰術是指採用武術相剋原理的方法，專門制化對手技術特長的戰術。

【應用須知】運用此戰術須熟知對手所長之處，有見招打招的能力，並且要求自身技術全面，功力雄厚。如對手擅長高鞭腿擊頭，我用接腿勾踢摔破制，使對手受制於我。

7. 克短戰術

克短戰術是指集中「兵力」專門進攻對手薄弱之處的戰術。

【應用須知】關鍵要瞭解、捕抓對手的短處所在，從而及時利用自身所長攻擊其短。如對手頭面被我重拳擊破流血，我可乘勝追擊，繼續打擊其傷處，使之敗北。

8. 多點戰術

多點戰術是指進攻點和進攻方法呈立體式全方位、多角度打擊對手的戰術。

【應用須知】對付水平較高對手，單一技術很難奏效，可運用此戰術求得主動權。如用拳腿上下合用、拳摔遠近組合打擊對手。

9. 搶點戰術

搶點戰術是指運動員透過打擊有效位點來獲取最終勝利的戰術。

【應用須知】運用此戰術需熟悉比賽規則，且要戰術意識強烈，不可以盲打亂拼。搶點戰術過硬也是一個運動員趨於成熟的標誌。

10. 重創戰術

重創戰術是指運用重拳、重腿狠力打擊對手，使之喪失戰鬥力的戰術。

【應用須知】運用此戰術需要有發招極強的準確性、超常的爆發力及果斷勇猛的品質。多用在對手體力不支或我方比分落敗時使用。

11. 下臺戰術

下臺戰術是指採用合理方法，透過逼打下台和牽引下臺兩種形式，使對手下臺輸分落敗的戰術。

【應用須知】首先要有下臺戰術意識，其次要擁有堵、逼、封、引、借、發等促使對手下臺的技術，切記不要被對手反引下臺。

12. 台中戰術

台中戰術是指運動員利用擂臺中央為戰鬥陣地進行對戰的戰術。

【應用須知】自己不適宜台邊、台角作戰，且擅長打陣地戰，如迎擊技術、接招轉化技術等。

13. 突襲戰術

突襲戰術是指利用對手注意力不集中和不良習慣動

作，出其不備搶打攻擊的戰術。

【應用須知】通常在場裁判口令「開」後、「停」前時突發冷招襲擊對手，運用此戰術需有敏銳的觀察力和應變力。

14. 體力戰術

體力戰術是指透過合理分配自身體力來取得最終勝利的戰術。

【應用須知】不論是三局比賽，還是五局比賽都應調整好體力，不可前緊後鬆，虎頭蛇尾，以免敗在體力上。相反，應用自己良好體力戰術，衝擊對手，直至獲勝。

15. 高分戰術

高分戰術是指有目地利用比賽規則限定的高分技術攻擊對手的戰術。

【應用須知】要明確具體高分值，精練高分值動作，在實戰中尋找和創造機會加以得分。

16. 欺詐戰術

欺詐戰術是指將真實進攻意圖和招式隱藏起來，誘騙對手上鉤，隨後再狠擊對手的戰術。

【應用須知】能運用此戰術多屬頂級選手，例如，我被擊一下，故意裝作不堪一擊狀，引騙對手大意補招，隨之我發招重創對手；真遭對手重擊，卻面帶微笑，以示毫無損傷，致使對手不敢貿然進攻，從而為自己贏得寶貴的調整時間。

三、散打戰術能力提高

散打戰術能力提高應遵循下述三個階段，即認知階段、學練階段和運用階段。

1. 認知階段

通過教練員講授灌輸給運動員散打戰術知識，使隊員從思想高度上認識到戰術的重要性。戰術能力的高低是決定比賽勝負的關鍵因素，沒有良好的戰術能力，想要取得散打比賽好成績是不可能的事。

2. 學練階段

散打戰術常用念動訓練（即假設性訓練），讓散打隊員假想面對各種不同技術風格、戰術類型的選手展開對搏，如擊打沙袋、木椿、手靶、腳靶，邊想邊練，從中運用相剋戰術破化制勝對手。

透過觀看現場比賽或錄影比賽資料，教練員將其中最具特點、最具典型戰術戰例的場景、畫面點評給運動員，並析解其中奧妙，然後讓隊員感悟與應對，這也是一種學練戰術的好方法，對於提高隊員戰術思維敏捷性和場上決斷力非常有效。

透過模擬訓練，模仿不同戰術類別隨之應對，此法針對性較強，多在比賽前採用。要求模擬者動作逼真，由慢至快，逐步增加難度以提高練習者適應能力和戰術運用能力。此外，進行條件實戰訓練，根據戰術需要，教練員可限定使用動作或戰術範圍進行對抗戰術訓練，從中觀察、

分析隊員戰術運用情況，指出問題，提出要求。練習方法可固定對手，也可輪流「坐莊」。

3. 運用階段

拳語云「既得藝，必試敵」，它強調了實戰的重要性和必要性。實戰比賽是散打戰術最重要、最有效的訓練方法，是檢驗戰術運用效果的有效手段。因此，要求隊員多參加實戰比賽，鼓勵多與不同打法的隊員交手，以此來提高自身戰術的運用能力，同時，在賽前教練員應為隊員制定兩到三套戰術方案，以便在比賽中靈活應變不同情況；比賽中教練員要注意觀察、記錄隊員戰術表現，並在局間休息及時提出指導意見；賽後要及時組織討論賽時所用戰術得失，進行分析並加以改進。

第四節　散打隊員力戒不良生活習慣

不良生活習慣不僅對散打隊員的正常訓練和比賽有影響，而且還會損害身體健康，廣大教練員和散打隊員應加以重視，對於以下不良生活習慣要堅決改掉。

1. 睡眠不足

不少隊員因娛樂無度、夜生活不節制，導致睡眠不足，因為睡眠不足，會影響青少年隊員正常的生長發育，使大腦過度疲勞，出現頭昏腦漲、精神不集中、體力、視力下降，記憶力減退、耳鳴、乏力及心血管、呼吸和消化系統功能下降等症狀。

睡眠能使機體得到充分的休息，是一種生理現象，散打隊員必須保證充足的睡眠時間。科學表明，成年人每日要有7～8小時、青少年每日需要8～9小時、兒童則需要9～10小時的睡眠時間，當夏季或訓練量大時，還要增加午睡時間，以1～2小時為宜。午睡有養神、護氣、益精的作用，有利於消除疲勞、恢復體力。

睡姿以向右側臥睡為佳，因為心臟位於胸腔偏左，這樣可使血液較多地流向身體右側，減輕心臟負擔，同時增加肝臟的血流量，有利於新陳代謝和肝臟的健康，儘量不要採用俯臥睡、坐睡和用被埋頭睡等不正確的睡姿。

睡前要刷牙、洗澡，消除身體汗汙，促進血液循環，以利於恢復體力，消除疲勞。

2. 吸 菸

不少散打隊員有吸菸的不良習慣，認為吸菸很酷，是男子漢氣質的表現，殊不知，吸菸對身體健康是有百害而無一利的。菸草中含有20多種有害物質，其中菸鹼（尼古丁）、焦油、一氧化碳、一氧化氮、氰氫酸、苯丙芘等危害性最高。

吸菸會使人頭暈、失眠、反應遲鈍、記憶力減退，以及誘發心血管疾病和肺氣腫病甚至肺癌，所以有吸菸習慣的散打隊員要下決心、有恒心、有毅力戒掉此不良習慣。

3. 喝 酒

酒的主要成分是酒精（乙醇），散打隊員若經常大量飲酒，會產生酒精慢性中毒，可使大腦功能紊亂，智力、

理解力下降，動作失調、反應遲鈍、手和舌震顫、嘔吐、昏迷甚至因呼吸中樞麻痺而死亡。

此外，酒精還會刺激胃壁，引起胃炎和胃潰瘍，以及肝硬化和肝癌，可見，飲酒對身體健康危害很大。散打隊員及時戒掉飲酒不良習慣是非常明智的選擇。

4. 飲水不當

有的散打隊員在訓練和日常生活中有喝生水或不注意合理飲水的習慣，這種做法實在不可取，特別是在訓練時喝生水，極易造成腸胃痙攣、腹部疼痛及腹瀉等症狀。

水是維持人體正常機能的重要物質之一，科研表明，當一天不飲水時，便會體重下降，精神不振，4天不飲水，機體將會失去活動能力，6天不飲水，人便會死亡。有的隊員在口渴難忍時才進行補水，其實身體此時已嚴重缺水，長此下去，會導致身體的不良反應。

一般成人每天需水量在2000～2500毫升，運動員應在此基礎上有所增加。散打隊員在日常生活和訓練中飲水應注意以下要點：

（1）在中小強度和長時間運動時，補水可在運動中或運動後進行，而大強度運動時最好在訓練後補水。補水方法以少量多次為原則，並且水量應在150～200毫升，這樣水分緩緩地補充到體內，既不會使血容量發生太大的變化，又不會增加心臟和胃的負擔。

（2）水溫要適中，水質以白開水、礦泉水、淡鹽水及橙汁、菠蘿汁等含糖飲料最為理想，切記散打訓練後不要飲用汽水。每小時補充水量不宜超過800毫升。

（3）散打隊員平時應養成科學飲水的好習慣，在每日三餐前0.5～1小時前飲水，飲水量以150～200毫升為好，以及早晨起床後飲用一杯水，這樣有利於人體的消化、吸收及排泄功能。

5. 運動後立即洗浴

散打隊員有運動後立即洗浴的習慣，其實這樣做是不科學的。因為人在運動時肌肉內的血流量增加，當訓練停止後增加的心率和血流量還要持續一段時間，此時若立即進行洗熱水浴，就會增加皮膚內的血流量，血液會過多地進入肌肉和皮膚，導致心臟和大腦供血不足，易發生頭昏眼花甚至休克、昏厥等現象；而運動後立即洗冷水浴，由於人體在運動出汗時對寒冷的適應性很差，如果突然用冷水沖浴，皮膚黏膜的血管會驟然收縮，抗病能力下降，回收心臟血液突增，加重心臟負擔，同時汗腺排泄孔猛閉，汗流貯留於汗腺之中，極易引發呼吸道疾病。

所以，無論是熱水浴還是冷水浴都不要在運動後立即進行，應休息15～30分鐘之後再洗。

6. 空腹訓練

在大運動量時不可空腹訓練，因為這樣會使體內貯備的糖原大量地消耗，發生低血糖或其他症狀，出現頭暈、頭疼、眼前發黑、胃痙攣、胃疼、胃炎等不良後果。

7. 不講皮膚衛生

皮膚是人體的保護器官和感覺器官，有參加調節體溫

和排泄廢物的作用。一些散打隊員有不講衛生的習慣，如此可導致體味酸臭、皮膚瘙癢、面瘡及皮膚病的發生，不利於身體健康。此外，還有些散打隊員不注意光照的危害，當然適當的陽光照射對皮膚健康是有好處的，但烈日長時間的曝曬，則會造成強烈的紫外線照射，加速皮膚衰老，使皮膚失去彈性出現皺紋、黑色素沉積，嚴重時出現皮膚紅腫、水疱、脫皮及皮膚癌等病，因此講究皮膚衛生對每位運動員都是非常重要的。

每天按時洗臉、洗澡，還要養成飯前、便後洗手的好習慣。另外，在夏季訓練時最好避開強光照射，如條件不允許，則應佩戴遮陽帽，在裸露的皮膚上塗上一定量的防曬霜，以起到保護皮膚的作用。

8. 著裝不科學

散打隊員著裝不科學易引起損傷的發生，例如，穿內衣過緊而且質地是化纖、針織的衣物，易擦傷皮膚和產生靜電或患皮膚病；穿過小的運動鞋容易擠傷腳趾，患上水疱和雞眼；穿高跟鞋進行運動會引起踝關節損傷等。為此，運動員著裝要講求科學性，服裝大小要合體，勤洗勤換，保持乾淨。

衣服要根據不同季節、氣候變化而增減，夏季宜穿著透氣性好、吸汗性強的衣服，冬季宜選穿保溫性好的衣服；內衣、內褲應選寬鬆、舒適的純棉質地為好，運動襪要選擇優質、全棉的產品，因其不僅有良好的吸汗性，還有彈性，能充填腳與鞋之間的空間，防止腳底磨傷；選擇鞋子時要注意大小合腳、透氣性好，並且鞋底要堅固耐

磨、富有彈性。

第五節　怎樣預防散打損傷

　　散打損傷的出現，輕者會影響練習者身心健康及正常的訓練、比賽，重者會造成身體殘疾，給日後的生活帶來不便，因此要不斷地改進訓練和教學方法，堅持以預防為主的教育方針，認真分析致傷原因，及時採取針對性的防範措施，以此來最大限度地避免和減少散打損傷的發生。

1. 加強思想教育

　　要讓練習者認識到學練散打時預防損傷的重要性，使他們在思想上加以重視，並懂得散打損傷預防的措施，同時要加強組織和紀律性的教育，培養他們遵守紀律、聽從教練指導的良好武德，積極地配合教練進行散打訓練，避免故意傷人。

2. 正確選擇習武項目

　　武術內容博大精深，正確地選擇習武訓練項目是預防損傷的有效措施之一，選擇習武項目應與自身的心理和生理特點相匹配，否則強度、難度過大極易造成損傷。比如老年人、兒童練習散打中的對抗內容就不符合其心理和生理特點，極易造成運動損傷。

3. 充分做好準備活動

　　準備活動的目的是提高身體中樞神經的興奮性和酶的

活性，加強血液循環，改善肌力彈性和呼吸能力，降低肌肉的黏滯性，提高肌肉和韌帶的控制力，克服身體機能的各種惰性，故訓練前的準備活動有利於預防散打運動損傷的發生。準備活動包括一般性準備活動和專業性準備活動，準備活動以身體發熱和微微出汗為宜，且準備活動與正式運動開始的時間間隔以1～4分鐘為科學，準備活動時間一般在15～20分鐘，若過長或過短都不利於技術的正常發揮及損傷的預防。

一般性準備活動可分三步進行，首先是慢跑，以此來提高體溫，使心率達到適應的水平，其次是做上下肢及軀幹的活動，促進血液循環，增強肌肉彈性，最後做腰、胯、膝、肘等關節的旋轉活動，以擴大其活動範圍。

專項準備活動包括壓腿、劈叉、打拳、踢腿等，練習時要按照先簡後繁、先易後難、循序漸進的原則，速度由慢漸快、力量由小漸大。

4. 合理安排教學、訓練、比賽內容

初學散打者必須先學基本功（如腰功、腿功、臂功等）和基本動作（如拳法、腿法、摔法、防守技法等），然後再學練攻防組合、打靶踢靶、條件實戰及自由實戰。在學習較難的動作時要遵循先分解、後完整、先分類、後綜合的練習方法，同時可增加一些輔助動作的練習，不可進行跨越式練習，否則也易導致損傷的發生。

訓練運動量要有規律的安排，一般採用大、中、小負荷結合交替的方法進行，這樣可使身體各器官系統得到良好的鍛鍊，同時也不易產生損傷。

比賽過多、過密，因調整時間不足，也是造成散打損傷的原因之一。為此要根據隊員的身體狀況、訓練水平、傷病大小等實際情況，合理安排比賽。

5. 加強易傷部位的訓練

加強易傷部位和相對較薄弱部位的訓練，提高這些部位的功能，是預防散打損傷的一種積極手段。例如，為了預防腰部損傷，應加強腰背肌及腹肌力量的訓練；為了預防髖骨勞損，可採用「站樁」的方法以增強肌四頭肌的力量和髖骨的功能等。

6. 改善場地、服裝、器材的不良影響

場地、服裝、器材不符合要求也是造成散打損傷的一個原因，訓練和比賽的場地要求平坦和整潔，應將石子等雜物清除乾淨，將臺面鋪平，以免滑倒受傷。

服裝型號要求大小適中，太大太小都會感到不方便，同時要穿吸汗、透氣性能好的純棉服裝，以免因著裝不當而發生損傷。

散打實戰訓練時要戴好護具（如護頭、護襠、護齒等），並且要經常檢查有無破損，佩戴是否合身，以防在實戰時發生損傷。

7. 提高自我保護能力

自我保護是預防散打損傷的重要手段。在易受傷部位應佩戴一些防護用品，如護腰、護膝、護踝、護肘、護腕等。當散打比賽失衡倒地時，要立即低頭、屈肘、團身，

以背部著地順勢做滾翻動作，進行自我保護，切不可直臂撐地，以免造成手臂損傷。

8. 加強醫務監督

醫務監督包括隊員自身醫務監督和教練、隊醫的醫務監督，是預防散打損傷的有效措施。醫務監督內容包括睡眠、食慾、運動情緒、測量脈搏、體重、血壓、握力等，如出現睡眠不好、食慾不佳、運動情緒不良，或是晨脈、體重、血壓變化大及握力下降等，則說明隊員身體有病或訓練量過大，這時應及時調整運動量，如有傷病應及時治療，不可延誤。同時要嚴格執行《武術散打運動員醫務監督條例》，以保證隊員有一個健康的身體投入訓練和比賽，避免損傷發生。

9. 建立正確的技術動力定型

在散打技術動作出現錯誤時極易發生損傷，如隊員擊打手靶、腳靶動作不正確可造成手、腳的損傷；被對手摔倒著地不合理時易造成肩、肘關節脫臼等，所以，建立正確的技術動力定型是預防散打損傷的關鍵。

第六節　散打隊員的科學合理膳食

食物是維持人體生命活動的物質基礎，也是機體生長發育的物質保障。食物中對機體有生理功效的成分稱為營養素。而人體所需的營養素分為七大類，即糖（碳水化合物）、脂肪、蛋白質、維生素、礦物質、水及食物纖維。

散打運動員由於運動量大，能量的消耗也就相應增大，因此科學、合理地搭配飲食對於保證運動員的身體素質和提高運動成績都有著十分重要的意義。

科學研究表明，優異的運動成績取決於3個因素，即正確選才、科學訓練和科學飲食，三者缺一不可，所以說科學飲食對於取得優異成績也是很重要的一個因素，否則，不僅影響運動成績，還會引發諸如運動性貧血、肥胖、心血管等疾病，由此可見，培養散打運動員的科學飲食觀非常重要。

1. 要保持熱量平衡

一般情況下，散打運動員攝入熱量和消耗熱量應保持動態平衡。熱量是維持人體一切活動的基礎條件，熱量不足會使人體機能和運動能力下降，對於青少年來說還會影響正常的生長發育；而熱量過多則會使體內脂肪堆積，使人體肥胖，從而影響運動技能和成績的提高，因此攝入的熱量必須適當。攝入熱量取決於消耗的熱量，為此，散打運動員要根據自身狀況和運動情況而定。

一般運動員每天消耗3500～5000千卡熱量，運動員的熱量來源主要是糖。據科學統計，成人運動員每公斤體重需要8～12克糖，食物中的大米、豆類、玉米、水果等都含有豐富的糖類，因此，運動員要注意多攝取這些食物。

2. 三大營養素的比例合理

糖、脂肪、蛋白質是人體所需的三大營養素，三者的合理比例是十分重要的，對於散打運動員來說應是高糖低脂，

故三者之比應為糖4、脂肪0.8、蛋白質1。因為糖比脂肪、蛋白質容易消化、吸收和利用，且在分解過程中耗氧量小；若膳食中脂肪過多則會產生飽足感，降低食慾，影響其他營養素的吸收；蛋白質是高能量的物質之一，可釋放出較大的能量，並在機體內貯存，膳食中應予以適量的補充。

3. 維生素、礦物質要充足

運動員對維生素和礦物質的需要量較多，由於運動時體內代謝加強，激素分泌與酶的活動增強，並且由於大量排汗，維生素和礦物質丟失較多，所以體內充足的維生素和礦物質儲備，可改善機體的工作能力，提高運動成績。

維生素可分為脂溶性維生素和水溶性維生素兩大類，脂溶性維生素主要有維生素 A、維生素 D、維生素 E 等，水溶性維生素主要有維生素 B_1、維生素 B_2、維生素 B_6、維生素 B_{12}、維生素 C、維生素 PP 等，維生素大多不能在體內合成，或合成量甚微，因此必須經常從食物中攝取。表1是食物中各種維生素的含量及每日攝取量。

人體內所含礦物質約占體重的5％，其中含量較多的鈣、磷、鉀、鈉、氯、硫、鎂7種為常量元素，含量較少的有鐵、碘、鋅、銅等微量元素。

表2是食物中礦物質的含量及每日攝取量。

4. 飲食要注意酸鹼平衡

食物分鹼性和酸性兩大類，食物中的鉀、鈉、鈣、鎂等金屬元素在體內氧化成鹼性的氧化物，如 K_2O、CaO、MgO 等，含這些元素較多的食物稱為鹼性食物，如蔬菜、水果、

表1　食物中各種維生素的含量及每日攝取量

維生素 類　別	維生素A	維生素 B₁	維生素 B₂	維生素C	維生素D	維生素E	維生素PP
每　日 攝取量	2毫克	5毫克	2.5毫克	150毫克	2毫克	7毫克	25毫克
主　要 食　物	動物肝臟 蛋黃 胡蘿蔔	花生 豆類 瘦豬肉	酵母 黃豆 牛奶 動物肝臟	蔬菜 水果 酸棗 菜花 紅果	魚肝油 沙丁魚 蛋黃	植物性油脂 花生油 大豆油	動物肝臟 瘦肉 豆類

表2　食物中礦物質的含量及每日攝取量

礦物質 類　別	鈣	磷	鉀	鈉	鎂	鋅	鐵	碘
每　日 攝取量	0.8～1.5 克	2～5克	4～6克	5～8克	350～500 毫克	20～30 毫克	25毫克	140毫克
主　要 食　物	蝦皮 海帶 油菜	動、植物 食品	水果 蔬菜	食鹽	粗糧 豆類 蔬菜	牡蠣 魚類 乾豆	瘦肉 蛋類 綠色蔬菜	海帶 紫菜

表3　常見的鹼性食物和酸性食物分類表

鹼　性 食　物	海帶、西瓜、蘿蔔、茶、香蕉、蘋果、柿子、梨、南瓜、土豆、黃瓜、 洋蔥、胡蘿蔔、牛奶、豆腐。
酸　性 食　物	蛋黃、牡蠣、雞肉、鯉魚、豬肉、牛肉、蝦、大米、麵粉、花生、麵 包、紫菜、蘆筍、核桃。

海帶等。食物中的磷、硫、氯等非金屬元素在體內代謝生成酸根，如 PO_4、SO_4、Cl，含這些元素較多的食物稱為酸性食物，如肉、蛋、大米等。水果雖含有有機酸，但分解後均不顯酸性。

　　表3是常見的鹼性食物和酸性食物分類表。

　　運動員選擇食物時應保持體內適宜的酸鹼度，由於劇

烈運動可造成體內酸性代謝產物堆積，使運動員體內的酸性偏高，因此運動員應多攝入鹼性食物，以利於體內酸鹼平衡，並且可以增加體內鹼儲備，對提高運動能力可起到良好的作用。

5. 賽期飲食安排

（1）訓練調整期的飲食

一般散打隊員在比賽前有一個短暫的訓練調整期，此時運動量減小，營養供給也應調整。目的是保持運動員的適宜體重，增加體內維生素儲備、鹼儲備及糖原儲備。

具體要求是：減少熱量攝入，以減少蛋白質和脂肪為主，增加糖、礦物質和維生素供給量，並按比賽時的情況調整進餐制度，使運動員逐漸適應比賽時的膳食。

（2）賽前飲食

是指比賽前的一餐。散打隊員進入賽期後，精神處於高度緊張狀態，消化功能較弱，賽前一餐對運動員在比賽時的生理狀況有很大的影響，安排不當，會妨礙運動能力的發揮。

總的原則是：賽前一餐要不妨礙比賽時機體的各種生理應激，以利體內代謝的進行。

具體要求是：食物量不要太多，以七成飽為宜。一般膳食要求是供給高糖、低脂肪、低蛋白質及容易消化吸收的食物。

（3）賽後飲食

散打隊員在進行緊張劇烈的比賽後，及時而合理地營養補充，有助於消除疲勞和恢復體力。

比賽後兩三天內的膳食要求是：維持較高熱量，食物應富含易吸收的糖和蛋白質，脂肪含量要低。

6. 飲食的注意事項

（1）運動員要定時進餐，飲食有節，不飲酒，不吃刺激性大的食物。

（2）運動員進餐次數除了日常的基本三餐外，最好增加1～2次點心，這對於青少年隊員尤為重要。

（3）一般應在運動結束後30分鐘以上再進餐，大運動量應休息1小時以上；訓練一般要在進餐後的1.5～2.5小時以後。

（4）運動員應養成良好的飲水習慣，水是機體的重要內環境，必須保持穩定，以利於物質代謝的進行，維持機體正常功能。

（5）進食時不可過快、過熱，不可過量食用煙燻、油煎的食物。

散打競賽規則、散打裁判法
中國武術散打功夫王爭霸賽競賽規程
請參閱《散打基礎技法精要》

圍棋輕鬆學

定價160元

定價300元

定價330元

定價250元

定價250元

定價250元

定價280元

定價280元

定價280元

定價250元

象棋輕鬆學

定價280元

定價280元

定價280元

定價280元

定價230元

定價450元

定價500元

智力運動

定價220元

定價250元

定價180元

定價200元

定價180元

定價180元

定價180元

田棋
定價220元

棋藝學堂

定價180元

定價220元

定價180元

定價180元

定價180元

定價180元

太極武術教學光碟

太極功夫扇
五十二式太極扇
演示：李德印 等
(2VCD)中國

夕陽美太極功夫扇
五十六式太極扇
演示：李德印 等
(2VCD)中國

陳氏太極拳及其技擊法
演示：馬虹(10VCD)中國
陳氏太極拳勁道釋秘
拆拳講勁
演示：馬虹(8DVD)中國
推手技巧及功力訓練
演示：馬虹(4VCD)中國

陳氏太極拳新架一路
演示：陳正雷(1DVD)中國
陳氏太極拳新架二路
演示：陳正雷(1DVD)中國
陳氏太極拳老架一路
演示：陳正雷(1DVD)中國

陳氏太極拳老架二路
演示：陳正雷(1DVD)中國
陳氏太極推手
演示：陳正雷(1DVD)中國
陳氏太極單刀・雙刀
演示：陳正雷(1DVD)中國

郭林新氣功
(8DVD)中國

本公司還有其他武術光碟
歡迎來電詢問或至網站查詢
電話：02-28236031
網址：www.dah-jaan.com.tw

原版教學光碟

歡迎至本公司購買書籍

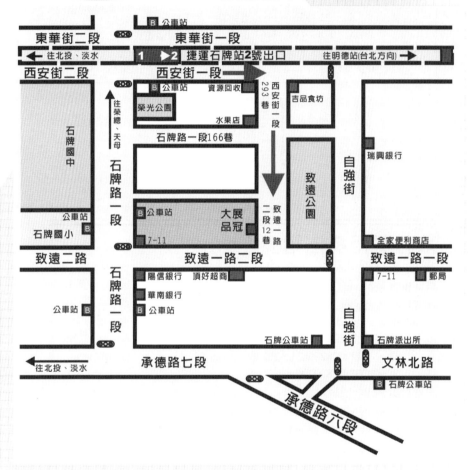

建議路線

1.搭乘捷運‧公車

　　淡水線石牌站下車，由石牌捷運站２號出口出站(出站後靠右邊)，沿著捷運高架往台北方向走(往明德站方向)，其街名為西安街，約走100公尺(勿超過紅綠燈)，由西安街一段293巷進來(巷口有一公車站牌，站名為自強街口)，本公司位於致遠公園對面。搭公車者請於石牌站(石牌派出所)下車，走進自強街，遇致遠路口左轉，右手邊第一條巷子即為本社位置。

2.自行開車或騎車

　　由承德路接石牌路，看到陽信銀行右轉，此條即為致遠一路二段，在遇到自強街(紅綠燈)前的巷子(致遠公園)左轉，即可看到本公司招牌。

國家圖書館出版品預行編目資料

散打實用技法精要 ／ 武兵 武冬 王宏強 著
——初版，——臺北市，大展，2015〔民104．02〕
面；21公分 ——（散打功夫；2）
ISBN 978－986－346－055－8（平裝附數位影音光碟）
1.拳術 2.中國
528.972 103025313

散打實用技法精要 附 DVD

著 者／武 兵 武 冬 王 宏 強
責任編輯／岑 紅 宇
發 行 人／蔡 森 明
出 版 者／大展出版社有限公司
社 址／台北市北投區（石牌）致遠一路2段12巷1號
電 話／（02）28236031・28236033・28233123
傳 眞／（02）28272069
郵政劃撥／01669551
網 址／www.dah-jaan.com.tw
E - mail ／ service@dah-jaan.com.tw
登 記 證／局版臺業字第2171號
承 印 者／傳興印刷有限公司
裝 訂／承安裝訂有限公司
排 版 者／弘益電腦排版有限公司
授 權 者／安徽科學技術出版社
初版1刷／2015年（民104年）2月

定 價／350元

大展好書　好書大展
品嘗好書　冠群可期